近代区域文化系列

武汉史话

A Brief History of Wuhan

皮明庥　郑自来／著

社会科学文献出版社
SOCIAL SCIENCES ACADEMIC PRESS (CHINA)

图书在版编目（CIP）数据

武汉史话/皮明庥，郑自来著．—北京：社会科学文献出版社，2011.12

（中国史话）

ISBN 978-7-5097-2718-8

Ⅰ.①武… Ⅱ.①皮… ②郑… Ⅲ.①武汉市-地方史-史料 Ⅳ.①K296.31

中国版本图书馆 CIP 数据核字（2011）第 189142 号

“十二五”国家重点出版规划项目

中国史话·近代区域文化系列

武汉史话

著　　者／皮明庥　郑自来

出 版 人／谢寿光
出 版 者／社会科学文献出版社
地　　址／北京市西城区北三环中路甲 29 号院 3 号楼华龙大厦
邮政编码／100029

责任部门／人文科学图书事业部（010）59367215
电子信箱／renwen@ssap.cn
责任编辑／宋淑洁　岳　蕾
责任校对／黄　丹
责任印制／岳　阳
总 经 销／社会科学文献出版社发行部
（010）59367081　59367089
读者服务／读者服务中心（010）59367028

印　　装／北京画中画印刷有限公司
开　　本／889mm×1194mm　1/32　印张／5.25
版　　次／2011 年 12 月第 1 版　　字数／103 千字
印　　次／2011 年 12 月第 1 次印刷
书　　号／ISBN 978-7-5097-2718-8
定　　价／15.00 元

《中国史话》
编辑委员会

总 序

中国是一个有着悠久文化历史的古老国度，从传说中的三皇五帝到中华人民共和国的建立，生活在这片土地上的人们从来都没有停止过探寻、创造的脚步。长沙马王堆出土的轻若烟雾、薄如蝉翼的素纱衣向世人昭示着古人在丝绸纺织、制作方面所达到的高度；敦煌莫高窟近五百个洞窟中的两千多尊彩塑雕像和大量的彩绘壁画又向世人显示了古人在雕塑和绘画方面所取得的成绩；还有青铜器、唐三彩、园林建筑、宫殿建筑，以及书法、诗歌、茶道、中医等物质与非物质文化遗产，它们无不向世人展示了中华五千年文化的灿烂与辉煌，展示了中国这一古老国度的魅力与绚烂。这是一份宝贵的遗产，值得我们每一位炎黄子孙珍视。

历史不会永远眷顾任何一个民族或一个国家，当世界进入近代之时，曾经一千多年雄踞世界发展高峰的古老中国，从巅峰跌落。1840 年鸦片战争的炮声打破了清帝国“天朝上国”的迷梦，从此中国沦为被列强宰割的羔羊。一个个不平等条约的签订，不仅使中国大量的白银外流，更使中国的领土一步步被列强侵占，国库亏空，民不聊生。东方古国曾经拥有的辉煌，也随着西方列强坚船利炮的轰击而烟消云散，中国一步步堕入了半殖民地的深渊。不甘屈服的中国人民也由此开始了救国救民、富国图强的抗争之路。从洋务运动到维新变法，从太平天国到辛亥革命，从五四运动到中国共产党领导的新民主主义革命，中国人民屡败屡战，终于认识到了“只有社会主义才能救中国，只有社会主义才能发展中国”这一道理。中国共产党领导中国人民推倒三座大山，建立了新中国，从此饱受屈辱与蹂躏的中国人民站起来了。古老的中国焕发出新的生机与活力，摆脱了任人宰割与欺侮的历史，屹立于世界民族之林。每一位中华儿女应当了解中华民族数千年的文明史，也应当牢记鸦片战争以来一百多年民族屈辱的历史。

当我们步入全球化大潮的21世纪，信息技术革命迅猛发展，地区之间的交流壁垒被互联网之类的新兴交流工具所打破，世界的多元性展示在世人面前。世界上任何一个区域都不可避免地存在着两种以上文化的交汇与碰撞，但不可否认的是，近些年来，随着市场经济的大潮，西方文化扑面而来，有些人唯西方为时尚，把民族的传统丢在一边。大批年轻人甚至比西方人还热衷于圣诞节、情人节与洋快餐，对我国各民族的重大节日以及中国历史的基本知识却茫然无知，这是中华民族实现复兴大业中的重大忧患。

中国之所以为中国，中华民族之所以历数千年而不分离，根基就在于五千年来一脉相传的中华文明。如果丢弃了千百年来一脉相承的文化，任凭外来文化随意浸染，很难设想13亿中国人到哪里去寻找民族向心力和凝聚力。在推进社会主义现代化、实现民族复兴的伟大事业中，大力弘扬优秀的中华民族文化和民族精神，弘扬中华文化的爱国主义传统和民族自尊意识，在建设中国特色社会主义的进程中，构建具有中国特色的文化价值体系，光大中华民族的优秀传统文化是一件任重而道远的事业。

当前，我国进入了经济体制深刻变革、社会结构深刻变动、利益格局深刻调整、思想观念深刻变化的新的历史时期。面对新的历史任务和来自各方的新挑战，全党和全国人民都需要学习和把握社会主义核心价值体系，进一步形成全社会共同的理想信念和道德规范，打牢全党全国各族人民团结奋斗的思想道德基础，形成全民族奋发向上的精神力量，这是我们建设社会主义和谐社会的思想保证。中国社会科学院作为国家社会科学研究的机构，有责任为此作出贡献。我们在编写出版《中华文明史话》与《百年中国史话》的基础上，组织院内外各研究领域的专家，融合近年来的最新研究，编辑出版大型历史知识系列丛书——《中国史话》，其目的就在于为广大人民群众尤其是青少年提供一套较为完整、准确地介绍中国历史和传统文化的普及类系列丛书，从而使生活在信息时代的人们尤其是青少年能够了解自己祖先的历史，在东西南北文化的交流中由知己到知彼，善于取人之长补己之短，在中国与世界各国愈来愈深的文化交融中，保持自己的本色与特色，将中华民族自强不息、厚德载物的精神永远发扬下去。

《中国史话》系列丛书首批计200种，每种10万字左右，主要从政治、经济、文化、军事、哲学、艺术、科技、饮食、服饰、交通、建筑等各个方面介绍了从古至今数千年来中华文明发展和变迁的历史。这些历史不仅展现了中华五千年文化的辉煌，展现了先民的智慧与创造精神，而且展现了中国人民的不屈与抗争精神。我们衷心地希望这套普及历史知识的丛书对广大人民群众进一步了解中华民族的优秀文化传统，增强民族自尊心和自豪感发挥应有的作用，鼓舞广大人民群众特别是新一代的劳动者和建设者在建设中国特色社会主义的道路上不断阔步前进，为我们祖国美好的未来贡献更大的力量。

陈奎元

2011年4月

作者小传

皮明庥，江西省萍乡市人，1931 年生，1949 年秋参加革命工作。曾任湖北大学历史系主任，武汉市社会科学院副院长、武汉市社联副主席等职。1982 年为副教授，1987 年为研究员。长期从事中国近代史、武汉城市史研究。其主编之十卷本《武汉通史》获湖北省首届政府出版奖，《一位总督、一座城市、一场革命》获武汉市政府社科一等奖。先后被评为武汉市优秀专家，享受国务院津贴。共出版史学作品三十余种，发表论文百篇。其中《两湖地区无产阶级革命家早期社会主义探索》一文被中宣部评为优秀论文，参加北京召开的纪念中共成立七十周年学术讨论会。

⊙郑自来

作者小传

郑自来，男，1951年生，湖北武汉人，武汉师范学院（现湖北大学）中文系毕业，先后在中共武汉市委宣传部、武汉市文物管理处、八路军武汉办事处旧址纪念馆、武汉市文物管理办公室、武汉市文化局（文物局）等单位工作，曾被评为“全国文博系统先进个人”称号。

主编或参与编纂了《武汉文博》（季刊）、《武汉市文物志》、《武昌起义史》、《武汉国民政府资料选编》、《历史文化名城·武汉》、《中国历史文化名城大辞典·武汉篇》、《中国大革命事典》、《武汉通览·文物篇》、《中山舰风云录》、《武汉文物丛书》（上、中、下册）等书刊，发表了有关文物保护、历史文化名城保护、博物馆纪念馆方面的论文数十篇。

目 录

引　言

在祖国壮丽的河山图中，由武昌、汉口、汉阳合组成的武汉市，鼎立在辽阔的江汉平原。经过漫长的历史发展，武汉很早就成为长江中游的政治、经济和文化中心，控扼祖国东西、南北的交通枢纽，素称“九省通衢”，也是有着重要军事意义的兵家必争之地。解放初期，武汉为中南区首府，现在是湖北省会，华中首位城市，也是全国特大城市之一。全市辖 13 个区，总面积 8000 多平方公里，常住人口 978.5392 万人。

武汉有着悠久的历史。武昌水果湖放鹰台出土了彩陶纺轮，鸡、鸭、鱼、象等小型陶质动物以及属于新石器时代晚期的京山屈家岭文化的稻谷壳。这些遗物，表明公元前 4000 年的新石器时代中期，武汉地区就有人类居住和生息。

武汉的城邑文明也非常古老。这里有迄今所知长江流域最古老的商城。1954 年武汉防汛时，发现汉口市郊黄陂盘龙城遗址，是与郑州商城同期的商代早期古城，距今 3500 年左右。周代时楚国崛起，楚王熊渠将楚国疆域扩至长江中游，武汉地区属楚国范围。汉阳、武昌在东汉末、三国初就有城邑的建制。在漫长的封建社会中，武昌成为郡、府和省的治所，长江中游的政治中心和商业城市（武昌过去称江夏，民国后改称武昌）。汉阳也成为军、府的治所，中原的重镇。汉口形成得最晚，现在汉口市区原属汉阳，在明成化年间（1465～1487年）由于汉水改道，将汉口从汉阳分割开来，以后这个地势低洼、芦苇丛生之地逐步发展成为商业闹市。汉口的出现，形成了与武昌、汉阳三足鼎立的城市格局。到了清代，汉口镇与景德镇、朱仙镇、佛山镇一道成为全国市镇中的四大名镇。

不过，武汉三镇虽然早已形成，但各有隶属，行政区划上并未统一。1927年三镇首次合为一市，但后来又有分有合，直到新中国成立后，才稳定地形成统一的武汉市。

新中国成立后，武汉市建成社会主义工商业城市，在封闭、内向模式中发展。改革开放后，城市步入发展快车道，正迈向国际性城市的新目标。

武汉是一座富有革命传统的英雄城市。武汉人民是勤劳、勇敢的人民，他们世世代代在这儿从事革命斗争、生产斗争，以自己的鲜血和汗水铸造了物质的和精神的文明。特别是鸦片战争到新中国成立（1840～1949年）的一百多年间，武汉处在半殖民地半封建社会的深渊中。为了摆脱这种悲惨的命运，武汉人民和全国人民一道，进行了前仆后继、可歌可泣的斗争。

鸦片战争前夕，林则徐在武汉查禁鸦片，开近代中国人民反抗外来侵略的先声；紧接着太平军三克武昌，威名远震；1911 年武昌一声枪响，全国响应，终于推翻了在中国延续两千多年的封建帝制的统治；十月革命和五四运动以后，董必武、陈潭秋、恽代英等为代表的老一辈无产阶级革命家又领导武汉人民踏上了新民主主义革命的历程；1927 年大革命时期，毛泽东、刘少奇等著名共产党人都在武汉留下了他们的革命业绩；抗日战争初期，周恩来等在这里亲自领导八路军办事处为团结抗日而奔走，武汉一度成为全国抗日救亡运动的中心；抗战胜利后，武汉人民在中国共产党领导下，争自由，要民主，反抗国民党的腐朽统治，直到 1949 年 5 月 16、17 日，武汉终于在人民解放战争的隆隆炮声中获得新生。这，就是武汉近百年来展现在我们面前的一幅幅历史画卷。

回顾武汉城市一百多年曲折的发展历史，广大武汉人民为争取国家独立、谋求人民解放的战斗历程，其中有多少革命前驱抛头颅、洒热血，有多少革命业绩动天地、泣鬼神，有多少曲折和屈辱令人深深记取，这对于我们今天进行爱国主义教育、革命传统教育和实行现代化教育，都是很有现实意义的。

我们正在创造历史，但创造历史必须懂得历史。历史是一个很好的老师，英国大学者家培根有一句名言“读史使人明智”，从近百年武汉城市兴衰变化和武汉人民爱国斗争的艰辛历程中，我们将获得方方面面、许许多多的教益和启示。

一　汉口开埠与武汉近代城市格局

1 汉口开埠

1840～1842 年的鸦片战争是中国近代史的发端。战败后的中国，开始从封建社会沦入半殖民地半封建社会，其灾难性的后果是深远的，自此之后，伴随着接二连三的战败和不平等条约的签订，列强的势力直接、间接地深入了中国内地。1856～1860 年所进行的第二次鸦片战争，直接地叩开了武汉的大门，汉口被辟为对外通商口岸。

远在距今 3500 年前，在今武汉市远城区黄陂建立的盘龙城，就揭开了武汉城邑文明的帷幕。东汉和三国时代，在今汉阳、武昌的市区内又修建了军事城堡。隋唐以降，武昌、汉阳就成为中原重镇、商舟之会，到明成化年间，由于汉水改道，汉口从汉阳分出，迅速发展成为商业市镇，形成三镇鼎立的格局。到 1840 年鸦片战争之前，武汉三镇已发展成为拥有约 20 多万人口占地 20 平方公里的封建市镇。汉口镇则成为与朱仙镇、景德镇、佛山镇齐名的四大名镇之一。

这三个封建古镇在第二次鸦片战争中被迫打开了封闭的门户。1856～1860年，正当太平天国革命风暴席卷长江两岸之时，英、法在俄、美支持下，联合发动了第二次鸦片战争。当时，工业迅速发展，号称“世界工场”的英国，急欲扩大商品销售市场和在第一次鸦片战争中取得的侵略权益，成为挑起战火的祸首。

1858年6月，清政府在战败之后与英、法代表签订了中英《天津条约》，规定中国开放牛庄、登州、台南、淡水、潮州、琼州、汉口、九江、南京、镇江为通商口岸。1860年签订的《北京条约》进一步发展了上述条款。

汉口正式开埠始于1861年3月。3月7日，英国火轮船一艘，载上海宝顺行（即颠地行）之主韦伯，英国官员威利司和翻译、随员等驶抵汉口。次日，威利司等入城见湖广总督官文，自称由上海来汉，查看地势，立行通商，并在汉口托都司李大桂代觅栈房一所，旋即在汉口圈划了英租界地皮。

汉口既已开埠，随着商贸的发展，依乎情理又把海关扩展到内陆。

1862年1月1日，江汉关正式建立。第一任海关监督是湖北分巡道郑兰，英人狄妥玛成为首任税务司。1863年1月1日，江汉关正式对外征收关税。

江汉关最初设于汉口英国租界花楼外滨江。江汉关监督署初设于汉口青龙巷。建关之初，江汉关下辖二关三卡。二关为汉阳南关、石灰窑分关，三卡为北卡、子口卡和武穴总卡。

1876年中英《烟台条约》规定，中英双方“议准于湖北宜昌、安徽芜湖、浙江温州、广东北海四处添开通商口岸”，同时在长江沿岸的安徽大通，江西湖口，湖北武穴、陆溪口、沙市等处开辟暂时停靠之所。从此，江汉关税务司开始兼理稽查长江6处事务。1878年12月江汉关税务司惠达创设汉口邮政分局，这是近代武汉的第一家客邮局。

民国时代，江汉关的辖权又有展拓。除了管理范围进一步扩大外，其权限也远远超出海关职能范围。从管辖范围看，湖南被纳入到江汉关的权力圈内。1930年7月14日总税务司命令岳州分关职员大部分撤退，其工作由江汉关税务司接管。1937年1月31日长沙关闭关，人员并入江汉关，关务清理由江汉关接办，职能范围也进一步扩大。1934年1月汉口盐务检查机构的各项职能移交海关。

开埠后，外国商人、商行接踵而至。前后有俄、英、法、德、日、美、荷、意、比等19个国家来汉通商。

在汉口开埠30年之后，清廷在中日甲午战争中战败，为增加贸易税收，自动开放了一些商埠。1900年（光绪二十六年）11月，湖广总督张之洞以兴建粤汉铁路故，奏请“开武昌城北十里外滨江之地为通商口岸”。此后武昌遂为“自开商埠”。

2 “国中之国”的租界

为了把武汉变成永久性的侵略据点，凡有约之国，纷纷在汉口设立领事馆。至清末，汉口共建立了英、美、德、日、法、俄等15个总领事馆或领事馆。

在通商的同时，列强又在汉口建立“国中之国”的租界。租界是汉口半殖民地化的象征，是帝国主义寄生在江汉大地上的毒瘤。当然，租界的近代建筑和城市管理也给武汉注入了一些西方文明，对武汉近代化事业发生过影响。

最先在汉口设立的租界是英租界。经英方官员与湖广总督官文商定，“自汉口江边花楼巷往东八丈起，至甘露寺江边卡东角止，量得共长250丈、进深110丈……共合地基458亩又80弓”，租与英国。以后英租界又加以扩大。英国每年仅以160两银子的“代价”，就霸占了近800亩市区土地作为租界，建立起“冒险家乐园”。清末列强在汉所立租界，情况如下表：

	设界时间	租界面积(亩)	扩展时间	扩展面积(亩)
英	1861.3	458.33	1898	337.05
德	1895.10	600	1898	23
俄	1896.5	414.65		
法	1896.6	187	1902	305
日	1898.7	约274	1907	375.25

在租界之外，还有一个“租界外的租界”，即西商跑马场（在今解放公园一带，解放公园只相当其2/5）、万国跑马场。

法国在汉商人等，在地皮大王刘歆生手中购进了一片土地，再以半胁迫半收买的手段，兼并附近居民、菜农零星土地，形成了面积相当于汉口五国租界总和的西商跑马场。跑马场的会员为十多个国家的外国人，在场中跑马，打高尔夫球、足球、马球、青果球、篮球。马场每年进行上元赛、春季赛、秋季赛，每赛7天，招徕中国人买票，每天进行十二三场，每场收票款二三万元。

在“国中之国”的租界内，列强有司法权、军队通过权、征收赋税权等。租界中的民政、交通、警事、税务、邮政，均由领事综理。租界中设有“工部局”（大英市政委员会）、“巡捕房”和“会审公堂”、巡警，保护外国人特权，欺压中国人民。广大武汉人民不能自由进出租界，在租界中居住和营业必须要经租界外国当局的批准。甚至汉口租界沿江人行道和草坪，也不许中国人行走或休息。《日本汉口租界章程》更明文规定：“租界内之土地，只准日本人民有永借之权”，“中国无身家之人，不得在租界内住家，开设店铺行栈，违者分别惩处”。

租界不仅是外国殖民者的活动中心，也成为买办及封建官僚蝇集蚋聚之地。他们托庇于租界的“治外法权”，在租界区建起高楼大厦，以躲避国内政局动荡的影响。外国人和一些“高等华人”在租界内除策划对中国人民的政治侵略和经济掠夺外，还争相开设烟馆、娼寮，使租界成为一个藏污纳垢的场所。譬如法租界就是一个烟、赌、娼的世界，日夜吞云吐雾，响彻麻将声。租界内的十几家旅馆，云集着流氓、赌棍、政客、妓女。为了满足吸毒的需要，法租界当局有一条名叫万佛的小火轮，每月来往汉口、重庆间两次，专门运销四川、云南烟土。

列强还公然将租界作为侵略华中的军事基地。各租界配备军警，英、法租界前的码头还经常停泊着英法两国的东洋舰队舰只，法国还在汉口建立兵营。日租界内更常驻海军陆战队，不时越出租界举行军事演习，江面上则常泊有日舰，虎视眈眈地威胁着中国的主权和人民生命财产的安全。

3 吸血的经济掠夺网络

19世纪60至90年代，西方各主要资本主义国家先后开始向垄断资本主义——帝国主义阶段发展。除继续进行商品输出外，其对殖民地半殖民地的剥削方式是实行掠夺性的资本输出，包括输出借贷资本——开办银行，输出生产资本——开办工厂。英国麦加利银行于1863年在英租界内（今洞庭街55号）正式建行开业。随之而来的有英国汇丰银行、德国德华银行、法国东方汇理银行、日本横滨正金银行和台湾银行（第一次世界大战后）、美国花旗银行、比利时华比银行。到民国初年，还有中外合办的中法实业银行、中华懋业银行、中华汇业银行。

外国银行经营贷存、汇兑、投资等各种业务，以其优势资金和特权，左右武汉金融，压倒武汉旧式票号、钱庄。当时的票号、银庄，资金最多者50万两，资金少者二三千两，只能经营长期或短期存放业务。

而外国在汉银行，却以优势资本，吸收了大量中国政府公款、官僚私款和富商营业资金，转手又将这些资金贷给中国官方和私方，赚取息金。在外国银行的挤压之下，1908 年，汉口最大的三怡钱庄——怡和兴、怡和永、怡和生，统统倒闭。

外国银行还承办中国政府借款及关税、外税收入的保管业务。这种借款，条件十分苛刻。如 1877 年英国汇丰银行向清政府提供 500 万两白银贷款，指定以广州、上海、汉口三地关税为担保。1906 年，宋炜臣等创办既济水电公司，所筹资金 300 万元不敷所用，只得接受苛刻条件向日商东方兴业公司借款 150 万元。

外国银行也控制武汉地区进出口贸易。当时中国商人资金不足，又不懂国际商情，常常依赖外国银行，在汉口，中国货物输出所得货币，需从外国银行取得票据，经过钱庄向外国银行兑现。外国货物输入中国，也要通过外国银行经办汇兑现金业务。这样，外国银行就控扼了武汉进出口贸易的中枢。

武汉地区有丰富的、廉价的原料和劳动力资源，外商在这里兴建了一大批工厂，就地取材制造，就地倾销，或转运重洋。

砖茶创造业：最先建立的工厂是俄商的砖茶厂。汉口开埠前俄商已直接来汉口贩茶；开埠后，又鉴于鄂南地区盛产茶叶，1863 年，俄商在崇阳建立顺丰砖茶厂，稍后在蒲圻羊楼洞设立阜昌、新泰砖茶厂，监制砖茶。1873～1874 年，俄商特芬诺夫又将这些茶庄停业，迁到汉口新厂用机器压制砖茶，而顺丰茶厂一年可压制砖茶15万筐。到19世纪90年代，俄商在汉四大茶厂拥有资金400万元，蒸汽动力砖茶机15架，茶饼机7架，雇工数千人。羊楼洞茶区变成其原料供应地。此外，英国也在汉口设有砖茶厂。

蛋品制造业：1897年，德商、奥地利商人就开始设厂制造蛋白。这些企业的规模是很大的，其中一家在开工季节中每天用鸡蛋三万至四万枚。著名的汉口和记蛋厂拥有冷冻设备，便于鲜蛋保存，大大提高了蛋品产量。据日本人水野幸吉《汉口》一书中所记，至1908年，外国在汉蛋厂有6个，职工366人，每天产蛋白21箱、33桶。

打包业：这是直接为进出口服务的。当时从武汉运销外洋的棉花，均需打包、加工。譬如1905年在汉口建立的日本棉花股份有限公司打包厂，24小时内可打棉花1000包。

卷烟业：这是利用河南、湖北等地廉价烟叶和劳动力加工成卷烟，又在中国内地倾销的得利特丰的行业。1908年正式投产的汉口英美烟公司，是当时最大的外资企业，资本达980多万元，雇工五六千人，每天生产纸烟1000万支。

制革业：1876年英人就在汉口设厂用机器压制皮革。1875年从汉口输出皮革5000担，到1876年达2万担，1877年达5万担之多。

面粉业：英、荷等国在武汉均建有工厂。从1863年至1911年辛亥革命前，列强在汉所办工厂，有76个之多。

汉口开埠后，有英、法、俄、美、德、丹麦、荷兰、西班牙、比利时、意大利、匈牙利、日本、瑞士、秘鲁、巴西等17个国家来汉贸易。一时洋行如雨后春笋，遍布汉口。洋行是列强从事进出口贸易的机构。洋行的组织密如蛛网，枝蔓交错。许多洋行，其总行在本国，或在香港、上海，又设分行于汉口，而汉口分行又设分支机构和经营点于沙市、宜昌和其他州县。洋行的买办则上下其手，深入到各种原料和土特产产地，进行收购盘剥。在汉洋行肇始于1862年的英商怡和洋行和德商礼和洋行，到1905年增至114家，以英、德数量最多。

汉口的外国洋行，在原料、半成品的收购上，以茶叶、桐油、牛皮、猪鬃、肠衣、五倍子、芝麻、鸡蛋、棉花、杂粮为大宗。如汉口的和记洋行设分行于沙市，每年冬春都派买办到当地收购鸡、鸡蛋、猪油、猪肠，运至汉口加工，再输至欧洲。除此之外，洋行还参与房地产经营。

礼和洋行1891年在汉口开设了一所分行，每年输出的植物油脂、五倍子、斑蝥、棉花，特别是畜产品，如鹅毛、鸭毛、猪鬃、蛋白、蛋黄及水牛皮，价值达数百万元。在汉口，礼和洋行也有与中国政府谈判的买卖，供应火药厂、钢铁厂的器材，及附近萍乡煤矿采矿用的机器设备、炼焦炉等等。

又如美最时洋行汉口分行（德国），从1861年开业，在汉口推销德国克虏伯厂的钢铁、大小五金、机械、颜料、化工原料、药品等，收购我国鸡蛋、牛羊皮、芝麻、蚕豌豆、五倍子、茶叶、桐油等，仅每年运出蛋品，货值就达 370 万两。该行 80 年来，每年总营业额在 1300 万元左右，按常例利润 30% 估计，每年从我国人民身上剥取财富达 300 余万元。

在洋货倾销方面，洋行主要经营日用百货、洋布、洋油、机器、颜料、西药、钟表、食品等。譬如日本的洋布、洋纱，泛滥于武汉市场。大量洋纱、洋布的输入，改变了武汉进出口贸易的结构，吸走了中国大量的资金，对中国内地手工纺织业是一个沉重的打击。

列强又利用攫取的“内河航行权”，控制江汉关，垄断长江这一黄金水道的航运。1862 年，以美商为主，有中国商人加入股份的旗昌洋行设立轮船公司，辟汉申线，首开武汉近代航运之端。当时，中国没有自己的近代航轮，传统的木船航运业在清军与太平军激烈交锋于长江中下游时，不得不中断。旗昌轮船公司乘机牟取暴利。从上海到汉口，三等舱客票价 50 两，棉花一包运费 3 两，每吨货物 40 两，往返航行一次所得利润可添置一条新船。到 1871 年，该公司拥有总资产 300 万两，船 17 艘，总吨位 24991 吨，年获利 95 万两。

英国在控制江汉关和汉口港之后，在 19 世纪七八十年代取代了旗昌公司的航运垄断。1875 年，英国太古洋行设轮船公司，用 9 条轮船行驶上海至汉口、汉口至宜昌、汉口至湖南的航道。1876 年，英国麦边轮船公司也介入长江航运。1881 年规模更大的怡和轮船公司以 12 艘船，共 13000 吨的总吨位，行驶上海、汉口等地航道。同年，英国鸿安公司以 4 艘船航行汉口至上海间。

中日甲午战争后，1898年日本邮传株式会社在上海至汉口、汉口至宜昌间开辟航线，日本大阪商船会社在日本政府每年9万多元补助的鼓励下，自1898年起，开航于上海、汉口之间，每年对开96次；次年获日本政府5万多元的年补助金，开航汉口、宜昌之间。1903年，日本又资助湖南汽船会社开辟汉口至湘潭、汉口至常德间航线。1909年，日本又将大阪、湖南、大东、日邮四家公司合为日清汽船会社，以17艘船在汉口通航。1908年，英、日、德、法、美共有9个轮船公司、29条轮船，航行于汉口，垄断了沪汉、汉宜、汉湘线的航运。1904年，在长江的外国轮船的吨位相当于中国商船的3倍。仅怡和、太古、日清三家轮船公司从开办起到抗战前为止，获利达3000万两白银。

这些外国轮船公司，还在汉口沿江优越位置，建造栈房、码头。光绪年间，太古、怡和、大阪三家轮船公司在汉口各有6大间栈房，3家堆栈，总面积在2万平方米以上。除此外，它们还在汉口港设有"洋棚"，以招徕乘客，组织货源。大阪轮船公司有码头长250尺，宽50尺，其"元安"号趸船可载货1351吨，一只趸船便有几百万元生意。

到19世纪末，列强又疯狂掠夺湖北地区铁路修筑权，并在铁路沿线形成自己的势力范围。至于邮政，早已受帝国主义控制。汉口各租界当局，均自办邮政。1896年，清政府创办邮政，汉口邮务长由江汉关外籍税务司兼任。至抗战前，武汉邮政负责人换了14人，大都为英国人。

 半殖民地半封建的近代都会格局

汉口开埠，于中国方面，是被迫的，而且是痛苦的。具有爱国心和民族尊严的武汉人民对此种屈辱的不平等条约莫不义愤填膺。

但是，开埠又是一种契机，因为这意味着封闭结构的终结。中西文化的直接接触，西方的压力、刺激和西方优秀文化的先进性，可以从正反两方面给腐朽的封建制度以冲击，还可以引发先进的中国人学习西方，振衰起疲，自救自强，开创近代化事业。

从历史的实际进程考察，汉口开埠后，武汉发生了城市形态的转换，直接受到列强的制约。从1861年后武汉经济和社会畸形地发展和崛起，在帝国主义、封建地主阶级、官僚资产阶级三座大山压制下，演变成一个半殖民地半封建性的近代都会。其近代化的进程也在曲折盘旋中起起落落，终于最后在日寇侵占武汉后断裂。

汉口开埠揭开了武汉城市发展的新篇章，形成了武汉华洋杂处、经济畸形发展、近代化和半殖民地化扭结的新格局。

从1861年汉口开埠到1911年武昌起义爆发，武汉三镇从封闭的封建市镇转化为开放的半殖民地半封建型的近代都会，在扭曲中经历了早期的不成熟的近

代化。汉口开埠、张之洞的洋务新政，构成这50年间城市发展的两个节点。半个世纪的历程是痛苦的，但又是有一定生机的。在这50年间，我们看到了城市性质的转换，城市近代化的兴起，以及反帝反封建斗争的风起云涌。在这一时段中，武汉三镇城区从不到20平方公里扩展到约60平方公里。人口也从20多万发展到80万人左右，并在辛亥革命中成为全国革命风暴的中心。

曾经是典型内地封建城市的武汉，在帝国主义强力渗透下，一步步演变成半殖民地半封建的开放城市。"同小心谨慎地保藏在密封的棺材内的木乃伊一旦与外界接触必然要发生解体的情形一样"，武汉的经济、政治、文化以及社会阶级结构，经历着前所未有的大变动、大改组。

开埠设关后，武汉才在事实上走出中世纪，迈向近代。城市社会形态、城市文明形态发生转型，主要表现为以下几个方面。

第一，从封闭型封建市镇转化为外向型通商港城，城市功能发生质的变化。闭关时代的武汉三镇，主要是行政、军事重镇。汉口虽然以商贸而兴，但毕竟建筑在农业文明和自然经济基础上，只能进行有限的内地产品贸易，规模亦有限。由于对外通商，自然经济受到猛烈冲击，封建的内向封闭性被打破。输入输出的外向商贸功能迅速发展。伴随着商业功能的发展，武汉的水陆交通运输功能、工业生产功能、文化教育功能、游乐功能等，都畸形发展起来。

外国的银行、洋行、工厂遍布武汉三镇，控制着武汉的经济命脉和对外贸易。外国人举办的教会学校、医院和报刊，也对武汉社会和文化发生了深刻影响。

作为一个沿江城市的“船码头”，汉口的航运自然为列强所觊觎。美国的旗昌轮船公司，英国的怡和、太古轮船公司，日本的邮传株式会社、大阪商船会社等，都在武汉设航班、建码头、开航线。1907 年日本大阪轮船公司直接在汉口与神户间通航。稍后，武汉民族航运业也发展起来。武汉不仅成为衔接上海、宜昌的转口港，而且成为直接输出入港。

在陆路方面，以茶叶出口为主，与俄国通商。鄂、湘、赣、皖的茶叶多集中汉口，专输内蒙古、新疆，进入俄国。汉口成为享誉海外的茶叶港。

汉口城市功能的扩展最突出地反映在商务方面。1882 ~1891 年汉口贸易收入为 3. 58 亿海关两，1892 ~1901 年进出口贸易总值 4. 94 亿海关两，这 10 年里汉口平均每年贸易净值是 4900 万海关两，差不多比上个 10 年增长了 40%。汉口市场逐渐摆脱“九省总汇之通衢”的内陆商品循环圈子，成为中国中部中外商货的总汇之所。1881 年一位外国人这样描述武汉市场的见闻:“对于外国制造的杂货，如玩具、铅笔、工具、图画、装饰品、伞、利器、假珠宝、肥皂等的需要，也不断增加，这些货物已成为一般商店的商品。”

第二，从农业文明一定程度迈向工业文明，形成半殖民地半封建型的近代化。由于武汉的近代化建立在封建统治基础上，又受外国入侵，这就决定了它是在曲折与苦难中迈向近代化的。

作为一个近代城市，其核心是建立工业文明。武昌、汉阳、汉口在前近代虽然有了相当的经济发展，但在封建母体中，没有孕育出成熟的资本主义，如果有的话，也只是萌芽。因此和其他地方一样，中国近代资本主义文明，是从外国输入，然后与中国土壤相结合，在扭曲中发展。

在西方文明的冲击下，武汉城市面貌发生了巨大变化。19、20 世纪之交是武汉市政鼎革的年代。在这些年里不仅大批新建筑涌现，不少老式建筑也追赶新浪潮改头换面。随着城区道路设施的改善，交通工具不断翻新。20 世纪 20 年代机动车正逐步取代人力车和马车，交通日趋近代化。20 世纪初，市区警察诞生。一大批市政公共设施也应运而生，如邮政、电灯、电话、电报、自来水、广播等。市政组织和市政管理亦效仿西法而立，参议会等议政机构更给武汉的政局披上民主的外衣。

第三，华洋杂处，移民云集。开埠后的武汉，城市空间得到展拓，人口迅速集结，昔日 20 多万人的市镇到 1911 年前后已发展成为近百万人的都会。这样短时间所达到的人口峰值，既是城市发展的需要，又是城市发展的标志。武汉城内万商云集，工业、交通、商业、服务行业吸引了大量的劳动力，移民人口来自皖、赣、湘、川、豫等省以及湖北境内各州县。武汉成为一座移民城市，移民的涌入，流动人口的增加，又推动着城市的发展。

武汉的开放不仅增强了对外围州县、湖北周边各省人口的聚合力，外国人也联翩而至。1905 年，在汉外国人已达 2148 人，这些外国人，除少数从事政治活动外，大多以工商为业。1905 年外国在汉商店，德国 35 家，英国 32 家，俄国 27 家，日本 12 家，总数达到 124 家。

在城市布局和发展走向上，武汉也发生了巨变。旧时的汉口镇，基本上是附着在汉水入江口上，或者说是就是一个沿河（汉水，当地人称为襄河）市镇。因此古汉口的土码头、街道多集在汉水之旁，有狭窄的正街、河街、堤街，这是木船时代商贾们只能活动在汉水岸边，难以在长江边上运营的表现。开埠之后，列强依靠巨大的轮船驰骋于长江之上，在汉口沿江修建码头、仓库，建立租界，于是汉口市区发展的走向，从沿河折向沿江。从武汉关附近开建的英租界到胜利街下段的日租界，形成一片滨江市区。这块租界区具有各国风情的华丽建筑物及柏油路面，下水道、电灯、电话、电报、自来水等公用设施，既是西方侵略者殖民地掠夺的产物，也是西方物质文明楔入武汉的表征。而租界中的工部局、巡捕房等，是列强“国中之国”的政权机构，也是奴役凌辱中国人民的机器，武汉人民饱尝了压迫的苦难。

在租界区发展的同时，华界市区也有明显的扩展，商业中心发生位移。沿河的旧街道过窄，容纳不了日益增长的商贸需要，于是从汉正街和长堤街、黄陂街等旧市区向下推移，由汉口武圣路一带延伸至今满春街、六渡桥、江汉路、大智路、车站路、一元路、三元里、黄浦路、刘家庙和江岸车站一线，逶迤几十里。而六渡桥、江汉路则取代了汉正街、黄陂街，成为市区中心。

5 吸收西方先进文明与反抗外国侵略的群众斗争

西方的工业文明对武汉封建市镇文明不能不发生强烈的撞击。西方的资产阶级对落后的东方进行殖民开拓时，火与剑在江汉大地飞舞，造成了血与污在大地横流。落后挨打的民族既要反抗外国的侵略，又要学习西方先进文明，以图自救和自强。为了缩短中西文化的差距，从有识之士到普通百姓，对通过租界或直接从外洋输入的优秀文明，都持积极的态度。西方的科学、技术和文化，租界的建筑和公共设施，乃至某些管理规章，都逐步为人们所接受和移植，从不习惯到习惯，从不理解到消化吸收。应该说，自开埠以后，大至城市布局、建筑风情，小到家用针线、服饰、饮食，西方文化对武汉的渗透是无孔不入的。民国初年，汉口的商人们曾在辛亥革命战火中化为灰烬的今南京路、大智路一带建造了一个模范区，参照租界现代化建筑和道路等设施，糅以中国传统建筑风格，形成了中西合璧式的大片里弄。至于武昌、汉口各类工厂、学校、报馆、水电设施，也无不把西方文明杂糅其中。当然西方文明难免泥沙俱下，污染人们心灵的西方腐朽文化也一起侵入。

面对帝国主义的政治、经济、文化侵略，在华洋杂处的武汉市区，反帝斗争波澜起伏。从英国最先来汉通商和建租界开始，武汉人民反对外国侵略者的斗争，包括抵制洋教、洋货，反对扩大租界，抗议洋人虐待或枪杀华人，反对外国军队入驻，直至要求收回租界，可谓是高潮迭起，此伏彼起。这些斗争有胜有负，在一定程度上遏制了外国势力的扩张。

1886 年，位于汉口上游 30 里的大军山，因地下贮藏着煤，为英国殖民者所垂涎。英国侵略者不经清朝当局同意，架起测量仪、标竿进行勘探，进而运来钻探机，挖掘坑道，铺上小铁轨，以小翻斗车运煤。当地乡绅周秉礼一边向汉阳知府禀报，阻止英方非法采煤，一边鸣锣召集乡民开会，抗议侵略者的掠夺。当英人不听劝阻时，乡民奋起高呼："把洋人赶出去!"在众怒难犯的不利形势下，英国侵略者只好宣告："退出大军山，永远不再来!"用一艘轮船运走了钻探机、铁轨。

围绕着租界的建立和扩大，武汉人民与外国殖民者进行了反复的斗争。在英法等国在汉建立租界后，1898 年，比利时趁派人到汉口修建卢汉铁路（即京汉铁路）之机，在日租界以北的刘家庙地区，以低价私购民地约 600 亩，然后向湖北当局提出建立比租界，由于武汉人民和湖广总督张之洞的坚决反对，才未成事实。比国公使又向北京总理各国事务衙门多次催办此事，中比两方经过 10 年之久的反复交涉，于 1907

年，中方以 80 多万两银子购回了比方私购和强占之地，才铲除了武汉版图上比租界的阴影。汉口德租界附近的人民，常常受到德国殖民者欺压。当地人民为了自卫，顺着德租界修了一条麻条石路，命名为华景街，以示与租界区别。为维护街上治安，设立了巡警室，以处理中外民间交涉，防止德国殖民者寻衅闹事。德租界当局一再向湖北当局要求接管华景街警卫权，华景街居民数百人奋起反抗，在街上示威，并停止对德租界的食品供应，终于迫使德方放弃掠夺警卫权的无理要求。

在半殖民地半封建化的武汉，侵略者常常以武力对中国人民进行屠戮。在暴力面前，武汉人民也开展了不屈不挠的斗争。1864 年，一个名叫彭尚义的中国百姓路过英商亿生洋行，被英人卢礼士无故开枪打死，武汉人民群起责问，汉阳知县也向英租界提起交涉，并上报北京总理各国事务衙门，迫使英方赔款抚恤。1911 年 1 月 21 日，汉口发生了“吴一狗事件”。1 月 21 日，人力车夫吴一狗拉车自英租界向怡园前进，路遇英租界巡捕。吴问他要不要坐车，被巡捕无理打死。事发后，街上人声鼎沸，人力车夫愤愤不平，怨声载道。次日，1000 多人力车夫拥向英国巡捕房，向捕房扔石头。湖北、武汉当局屈服于列强的压力，派兵弹压人力车工人。人力车工人仍坚持斗争，汉口商会等团体也给工人撑腰，终于迫使英方赔款，抚恤死者家属。

二 难圆的“富国强兵”之梦

1 张之洞的新政和“种瓜得豆”

在帝国主义入侵中国的第二次鸦片战争之后，以镇压太平天国的军事需要为直接动因，19 世纪 60 年代，由奕䜣、曾国藩、李鸿章、左宗棠等开展了以“富国强兵”相标榜的洋务运动，主张有限度地引进西学、西技。

洋务运动前期的中心点在上海。武汉地区的洋务运动起步较晚，但在张之洞督鄂以后发展较快。当时经营的项目既有军事工业，亦有民用工业。企业的性质有官办、官督商办、官商合办诸种类型，成为洋务运动后期的中心点之一。

张之洞以“中体西用”为指导思想，把武汉当作这一思想的试验场。他试图在武汉建立一个军用、民用结合的工业体系，与此同时，交通、邮电和商业、财政的变革和建设也全面起步。这一切都是为了巩固封建统治，以“中学”为不变之本，同时吸收西艺、西技，引进技术、设备“为用”，以实现富国强兵之梦。

湖北兵工厂（即汉阳兵工厂）：原拟在广东建立的枪炮厂，改建于湖北。机器系委托出使德国大臣洪钧自柏林力拂机器厂购得，可铸造连珠毛瑟枪和克虏伯山炮。厂址设在汉阳龟山北麓（今国棉一厂处）。1900年，枪炮厂易名为湖北兵工厂。每天出枪50支，一年15000支。湖北兵工厂在张之洞离鄂前，共造枪11万支，炮800门，兵工厂经费开始每年36万两，后增至80余万两。

炼铁厂：1889年春，张之洞调任湖广总督，筹备修建卢汉铁路，由户部拨款200万两作为基金，建厂于汉阳龟山之下。炼铁厂于1890年动工兴建，到1893年大致完工。雇用工人3000人，外国技师40人。1894年6月开炉炼钢，所出钢料可以制炮，"成色无异洋铁"。但因经费短绌，煤质不佳，每年仅出铁15000吨，亏损很大。

丝麻四局：1890年，张之洞于武昌文昌门外筹建官办的湖北织布局，于1892年底开工。计有布机1000张，动力为1200匹马力。1894年，张之洞在文昌门外增设纺纱厂，有纱锭5万多枚。又以湖北产丝颇多，于武昌望山门外办起了湖北缫丝局，开办经费为6万两。1898年，张之洞又在平湖门外创设湖北制麻局。以上丝麻四局，面积16000余平方米，建厂房和购机具耗银500余万两，经六七年之久建成。但由于管理不善，后来只得移交商办。

此外，建立的工厂还有：武昌白沙洲造纸厂、汉口赫山针钉厂、武昌南湖制皮厂、武昌下新河毡呢厂、汉阳赫山官砖厂、武昌兰陵街模范工厂、汉口硚口贫民大工厂等。

张之洞出于办洋务的需要，深感人才缺乏，大力兴建书院、学堂，培育人才。当时湖北士林风气流于空疏，缺乏实学，因此，张之洞提倡尚实精神，引进一些西学，推行“中学为体，西学为用”。

从 19 世纪 90 年代到 20 世纪初，武汉及湖北的教育事业，经历了两个阶段。

第一阶段为两湖书院等的创建。1890 年（光绪十六年）到 1901 年（光绪二十七年），可称为书院时期。当时，武汉着重新建、改建了 5 个书院：江汉书院、算学方言学堂、自强学堂、经心书院、两湖书院。接着又进行了书院改革，包括调整学科、采用班级教授方法等。

这些学堂，有一些新气象。譬如著名数学家华蘅芳于 1892 年至 1894 年先后在两湖书院、自强学堂任教，认真仔细传授科学知识，讲解算理，引导大家演算，有时既用中国算法解题，又用西方代数方法解题，相互印证，引人入胜。他还用自己亲身经历，说明数学用途，吸引了越来越多的听众。他还不顾年事已高，亲自领着学生，到武昌郊外田野里，寻找不同地形、地貌进行实地测量测算。

第二阶段为推行新学制，以学校代书院。1902 年（光绪二十八年），湖北开始推行新学制，以学校代替书院。这种改制，当然和清廷的政令有关。1901 年 6 月，清廷谕令各省设立学堂，并改变科举考试中八股文程式，易之以中国政治史事、各国政治艺学、四书五经义等。

湖北省为了综理全省学务，成立了学务处，以梁鼎芬为总提调，后又增设提学司。大规模的改书院为学堂的工作，在全省推行。道、府书院改为中学，县州书院改为高等小学。

在这次改制中，武汉的封建传统教育体制开始瓦解，逐步代以具有近代资本主义教育色彩的新体制。

文高等学堂是武汉最早出现的一所近代高级中等学校。该校由两湖书院改建，一年后改为两湖总师范学堂。吸收两湖、经心、江汉书院优等学生入学，学制为五年（其中包括出国留学一年）。学科则有经学、中外史学、中外地理学、算术、中西公共之学、理化学、法律学、财政学、兵事学等。上述课程的设置虽然是中西合璧，但引进西学的成分扩大了。学校的学制、班级教学及留学办法等，无疑都具革新的性质。

中等学堂和专业学校则有文普通中学、武普通中学、方言学堂、农业学堂、工业学堂、铁路学堂、军医学堂、陆军小学堂等。

师范除两湖总师范外，还有支那师范学堂、女子师范学堂、省师范学堂。

小学则有五路（东、西、南、北、中五路）高等小学堂。

张之洞热心整军经武，因此，练新军成为武汉乃至湖北洋务运动重要一翼。训练新军，旨在以西方资本主义国家的新式武器装备和建制、操练方法建立一支近代化军队，以强化垂危的清朝封建统治，同时也形成张之洞的个人军事实力。

1895 年（光绪二十一年），张之洞由署理两江总督任回到湖北，带回洋操护军三营（前营、后营、工程一营），后又聘募洋员，分司训练，军制参仿德、日两国。同时，他还选派黎元洪等将弁赴日本考察陆军编制，以资仿效。

1899 年，除原有洋操护军三营外，又续编一营，合计为四营。以后，进一步扩兵编练。至 1908 年，经清政府派王英等进行考核，湖北军队钦定为第八镇，辖步兵第十五、十六协，马、炮队均为第八标，工程、辎重队均为第八营，另有第二十一混成协。

除训练陆军外，也加强了水师建设。长江设水师总官四处，汉阳为其一，辖有四营兵丁。张之洞奏调广东省广昌兵轮拨归鄂省，改名楚材。1891 年，从外省调测海、金瓯二轮来鄂，不久又添炮船江元、江亨、江利、江贞四号，各载重 525 吨。1896 年，又向日本神户川崎造船厂，订购楚泰、楚同、楚有、楚谦、楚豫、楚观 6 艘炮舰，各载重 750 吨，以及湖鹏、湖鹗、湖隼、湖燕 4 艘鱼雷艇，各载重 98 吨。

经过这样一番密锣紧鼓的整建，湖北的新军和袁世凯的“新建陆军”成了清政府各踞南北的劲旅。

尽管新军之“新”是多方面的，但以“忠君”为核心的封建纲常名教却是它不易的政治宗旨，因此它只能是以资本主义国家的军事技术和近代装备所武装起来的封建军队。

纵观武汉以“富国强兵”相标榜的洋务运动，在引进西学、西技、西艺方面有一些成果，有助于武汉人了解世界，吸收世界文明。但这一运动“中体西用”的模式和对列强的依赖和幻想，都决定了它不可能达到富国强兵的目的。国家依然积弱积贫，武汉地区的社会危机也越来越深。张之洞的主观愿望是有限地改善封建统治，以加固这个统治。但实际的结果是在客观上刺激了民族资本主义的产生，造就了一批新军和新知识分子。而这些人恰恰成为清王朝的掘墓人。“种瓜得豆”，这是张之洞始料所不及的。

民族资本主义幼苗的孳生

在帝国主义入侵武汉的刺激和洋务运动在武汉兴起的激荡下，19 世纪末，武汉地区工业领域中出现了民族资本主义企业。这是武汉社会中前所未有的新的经济因素。伴随着这种经济因素的出现，武汉民族资产阶级也开始形成。

辛亥革命前，武汉民族资本主义工厂有 120 多家，规模较大者有以下几家。

燮昌火柴厂：开创于 1897 年，由上海买办兼巨商叶澄衷派宋炜臣至汉口创办，资金 42 万元，工人 700 人至 1200 人，日产火柴 140 箱左右。由于该厂产品获得专利权，又为国民日常生活所需，开办当年即获利白银 18 万两。

既济水电公司：1906 年由宋炜臣、王仿予、万伯等创办，资本300万元，工人400人，有水厂和电厂及管道等设备，是武汉最大的也是历史最久的公用事业单位。

扬子机器厂：由侨商顾润章、王光等合资49万元，于1907年创办于汉口谌家矶。此厂为武汉最大机器厂，在民营工厂中有不可忽视的地位。

城市阶级结构的变化

在武汉民族工商业之后，站立着新兴的民族资产阶级。

武汉的民族资产阶级包括工、商、金融等各方面的资本家，手工工场主和业主也属于这个阶级。1895年甲午战争后，武汉地区逐步形成了一批由商人、买办、官绅、地主转化以及由学徒、店员、工匠上升而成的工业资本家。这些工业资本家的出现是武汉民族资产阶级形成的标志。但是他们人数较少，形成较晚，经济实力不足，所以在整个武汉民族资产阶级的构成中，没有占据主导地位。武汉民族资产阶级的主体还是商业、金融资本家。

汉口作为华中物资集散地和全国外贸转口中心之一，在辛亥革命前十年，对外贸易额经常保持在1.3亿两左右。巨大的转口贸易和对外贸易带来了这个城市畸形的商业繁荣，也带来了各种原有商业行帮的活跃，导致了商业和金融资本家力量的壮大。在辛亥革命前夕，汉口总计商家7000户，其中以中小资本家居多数。与此相联系，汉口还有以浙江兴业银行和钱庄

(105 家)、票号 (33 家)、当铺为基地的金融资本家队伍。这个商业和金融资本家队伍，无论在资金上还是活动能量上都成为武汉民族资产阶级的主体。当时汉口的民族资本中百分之九十以上为商业、金融资本，工业资本则非常幼弱。

民族资产阶级是一个具有两重性的阶级。武汉资产阶级没有经过完整充足的资本原始积累，没有经历改变整个社会面貌的工业革命，它们是在和帝国主义、封建主义的矛盾和联系中，呱呱坠地的；出生之后又缺乳少哺，形成了先天的软弱。

武汉的买办资产阶级此时亦形成，并显出相当的经济实力。武汉开埠后，首先有来自广东和下江的买办，到辛亥革命前形成了广东帮、宁波帮、本地帮买办集团和一个为数不下五百人的买办队伍。其中如美最时洋行买办王伯年、瑞记洋行兼住友银行买办欧阳会昌、立兴洋行和东方汇理银行买办刘歆生、若安利洋行买办蒋佩林、慎昌洋行买办刘少岩、安利英洋行买办宋立峰等，均积累了巨大财富。他们曾组织一个“夜总会”（亦称华商总会）进行娱乐和交换商情。

与上层社会相对应，作为一个工业城市和港口城市，武汉集结了大量工厂工人、铁路工人、海员和码头工人、人力车工人，在近代城市社会中，他们处于底层，构成了另一级，并且与武汉城市近代化紧紧相系。武汉的工人阶级形成早于资产阶级。武汉在 19 世纪 60 年代开埠后，随着列强在汉建厂和建洋码头，产生了第一批近代产业工人。譬如俄商在汉开设的茶厂，就有 2000 工人。至 1911 年，俄、美、英、德、日、法、瑞士、荷兰等国商人，在武汉先后开办砖茶、打包、蛋品加工、面粉、榨油、制冰、制酒、皮革、卷烟等 42 家工厂。其中 4 家砖茶厂约有 5000 工人，4 家打包厂约有 4000 工人，英美烟厂有 3000 工人，日信豆粕一厂、二厂及和记蛋厂各有 100 多工人，其余均为数 10 人的小厂，总共约有产业工人 1.4 万人。

这段时期，外国资本还在汉口租界区修建码头 74 个，有 10 家外国公司的轮船航行汉口，船员及码头工人约有 1 万人。

1890～1911 年，清政府在武汉官办或官商合办工厂 22 家。其中汉阳兵工厂有工人 4550 人，汉阳铁厂有 3000 多人，湖北织布局有 2000 多人，湖北纺纱局有 1500 多人，其他均为百人以上或数百人的中小工厂，总共约有产业工人 1.4 万人。1906 年京汉铁路和 1918 年粤汉铁路湖鄂段通车，在汉口江岸和武昌徐家棚有铁路工人 4000 多人。此后，民营工厂又产生了一大批工人。到 1911 年，武汉约有工人 15 万人，其中产业工人 5 万人。到第一次世界大战结束时，产业工人上升到 20 万人。

由于民族资产阶级、工人阶级以及买办、新型知识阶层等的出现，中国传统封建市镇以官宦、士绅、商人和手工业者为主体的阶级、阶层结构发生了明显转换。外商和中国的资产阶级和买办在城市经济中逐步跃上主导地位，而资产阶级和工人阶级则在政治舞台上一步步崭露头角，先后充当革命运动的领导阶级。

三　武昌起义

——扭转中国历史的起点

1 武汉革命力量的形成

在19、20世纪之交，武汉出现了不同于封建士人的近代知识分子群，他们或为留学生，或为国内学堂学生，是武汉资产阶级、小资产阶级中最活跃的阶层，是武汉地区新兴的社会力量。在这个知识分子群中，产生了最早的资产阶级革命派。

在20世纪初的留学热潮中，湖北、武汉青年学生竞相出国。早在1896年，清政府派出的首批赴日留学生中就有湖北房县人戢翼翚（寓居武昌）。1902年，从两湖、经心、江汉三所书院选派学生30多人，赴日本东京弘文学院学速成师范，其中就有黄兴等人。后又陆续增派，到这年底，留学日本者达百人。当年我国全部留日学生为500多人，据留学生会馆1902年8月调查，留日学生“湖北人占多数”。1903年，鄂督端方在武汉各学堂选8人赴德，10人赴美，4人赴俄，24人赴比。

清政府派遣留学生是想培养出一批忠于封建朝廷

又懂得一些西学，能够办洋务和参加“立宪”的文臣武将，但众多的留学生却各怀不同目的，一般而言，抱救国、求知宗旨者多。除了官费派送外，还有不少人自费留学。如汉川洪范认为“事变日迫，吾辈求学以济时艰，须臾不可缓”，乃变卖家产，东渡日本。还有一些人，如吴禄贞等，因在国内参加自立军起事，亡命日本，进入日本士官学校。

留学生们在亲历了资本主义世界后，较普遍地增长了爱国热情，同时接受了资本主义民主思想。其中既有倾向于立宪者，如蕲水汤化龙回国后成为湖北立宪派头面人物；亦有思想激进而成为资产阶级革命派者，如戢翼翚、吴禄贞、刘成禺，从两湖书院派到日本留学的黄兴（湖南人），以及李书城、田桐、蓝天蔚、刘公等。他们后来都成为资产阶级革命派的骨干。

应该说湖北、武汉地区反清革命思想是由来已久的，但多从别夷夏大防的满汉民族矛盾出发。只是由于近代资产阶级知识分子的产生，才将西方共和思想输入武汉，从而使反清斗争从传统形态发展为近代民主革命。

1903年5月中下旬，从日本回国的吴禄贞、刘伯刚、蓝天蔚、万声扬、李廉方、李书城以及武汉当地学生朱和中、贺之才等在武昌花园山组成秘密机关，共商反清革命，并在新军中进行了一些工作。不过这个机关没有成文的纲领，也没有明确的组织称号，还不是一个正式革命组织，而只是一个革命组织的胚胎。这个胚胎还没有孕育成熟，就被湖北当局以派赴欧洲和日本留学的手段，把其中的骨干分子调离了武汉，因之无形瓦解。

武汉第一个革命组织——科学补习所创建于1904年。这年5月，吕大森从建始来到武昌，入武昌武备学堂，认识了胡瑛，他们和黄州来的何自新在武昌斗级营同兴楼商量建立一个组织，朱子龙、刘静庵、冯特民等均表支持。这个组织命名为科学补习所，于1904年7月3日成立于武昌多宝寺街。

为了发展会务，胡瑛派马中羲回湘筹措经费，得知黄兴正组织华兴会起义。华兴会是两湖地区最早的革命团体，成立于1904年2月，湖北方面最早加入华兴会的有吴禄贞、李书城等人。华兴会由黄兴主持，不赞成从首都发难，而主张从地方革命入手。具体办法是以湖南为首义区，运动各省响应，再“直捣幽燕”。他们决定在1904年11月16日（夏历十月十日）西太后70寿辰时，在长沙起义。为了得到武汉的策应，又由胡瑛、宋教仁在武昌设立华兴会支部，推动科学补习所工作。但这次起义事泄流产，黄兴逃到汉口，再转上海。科学补习所得到从长沙来的华兴会被破获的密电，急忙隐蔽，胡瑛、王汉将枪械埋藏在汉阳鹦鹉洲，刘静庵销毁所中文件，张难先通知有关人员躲避。10月28日，张之洞得湘抚发来电报，连夜派兵搜查魏家巷1号，结果一无所获，仅逮讯房主。由于此屋为欧阳瑞骅所租赁，湖北当局开除欧阳瑞骅、宋教仁学籍。吕大森则逃回施南，匿居山中，到辛亥革命时才重出从事革命活动。

1906年2月，武汉又成立日知会，与会者达百余人，由刘静庵任总干事，辜天保、李亚东等任干事，冯特民、陆费逵等任评议员，各学堂、军营均设有代表。

在资产阶级革命派形成时，资产阶级立宪派也走向政治舞台。大约在1909年秋，正值清政府立宪粉墨登场之日，湖广总督陈夔龙奏调汤化龙回鄂，筹备自治事宜。不久汤被举为湖北省谘议局副议长、议长。

汤化龙主持下的谘议局在清廷许可的范围内，进行了一些湖北地方自治活动和省政商讨活动。1909年、1910年省谘议局两次常会共议湖广督院交议之案11件，谘议局提议案42件，人民陈请建议案17件。这些议案既受官方钳制，也多少反映了民意。其中如《禁止洋商在租界以外违约经商案》、《禁种洋烟案》，表现了对外国侵略者的软弱反抗；《整顿湖北吏治案》、《关于地方自治之议案》，则传出了一些对现实要求改革的呼声。

发动速开国会的请愿运动是谘议局这一时期的工作重心。汤化龙在请愿运动中，充当了一名比较激进的角色。他来往京师，发动请愿，要求速开国会。汤化龙赴京请愿时，汉口33个商团保安会和88个商业行帮共1万多人，在汉口跑马场开会为汤送行。汤发表演说，谴责清政府“用人行政，多拂舆情，筹备宪政，毫无诚意，内阁大权，悉授亲贵，以致内政不修，外交失策，民生日蹙，国耻日深，维新绝望，大陆将沉”。

湖北谘议局和立宪派也是清末保路运动的发动者。1908年，已调北京充大学士和入值军机处的张之洞，担任督办粤汉铁路和兼办川汉铁路大臣，派出代表和汇丰（英）、德华（德）、东方汇理（法）等三国银行团秘密签订《湖广铁路借款》草合同25条，规定借款总额550万镑，年息五厘，九五折扣，以两湖百货税厘、盐斤加价等款520万两作抵押，聘用英、德工程师各一人监造两湖境内粤汉铁路和湖北境内川汉铁路。

《湖广铁路借款》合同披露后，武汉绅商各界群起反对。湖北成立商办铁路协会，主张铁路商办。从社会名流到工农士兵、医卜星士都踊跃入会，解囊捐款。11月18日正式成立铁路协会，设办事处于汉口四官殿。协会成立前后，在贡院、四官殿等地开会，进行反借款宣传。立宪派张伯烈在会上发表演说，“大声疾呼，拍案痛哭，尤为激烈，闻者莫不拍掌感泣”。

1909年11月，湖北铁路协会派出刘心源、密昌墀、张伯烈赴京请愿。在将近4个月时间内，三次上书邮传部；谒见尚书徐世昌，请求商办铁路。1910年3月，张伯烈、密昌墀等连续三天到徐世昌私宅痛哭力争。

5月9日清政府正式宣布“铁路国有”，取消铁路商办。武汉商民在小关帝庙、横堤、天符行宫集会，反对借外款修路，力争商办。谘议局和铁路协会散发传单，派出宣讲员，在街头演说，掀起高潮。此时，屡遭挫折的革命派也蹶而复起。

从1907年开始，武汉地区各种革命小团体竞相破土而出。这些小团体，少则几人，多则百十人，并采取有保护色的名称，活动也很机密。他们积极在新军中发展成员。经过分化、组合，终于演变为武汉地区两个分途并进的革命组织——文学社和共进会。文学社的负责人为蒋翊武，共进会的负责人为孙武、刘公等。

两个组织共存，不免发生矛盾。但共同的理想推动着双方的接近和联合。1911 年 5 月上旬，双方派代表会议于武昌孙武宅，但谈得不融洽。文学社的蒋翊武和共进会的孙武，都要以自己的小团体为核心。6 月初，文学社开代表大会，刘复基提出要与共进会合作，得到大家赞同。接着，双方又派代表开会于武昌长湖西街龚霞初宅，并达成协议，通知各自在新军标、营中的代表，不要再互争社员。有人认为“合则两美，离则两伤”。这种认识反映了革命派内部要求联合革命力量的人心之所向。这就为两派联合打下了良好的思想基础。

1911 年夏，保路运动发生轩然大波，武汉人心浮动，革命形势来临了，革命党人跃跃欲试。

湖北革命党的负责人孙武一直对革命执激进态度，主张湖北革命党人抓紧广州黄花岗起义失败，革命重心转向湖北、湖南，保路运动又风起云涌的时机，及时发难。为此，10 月 9 日，孙武和邓玉麟在汉口俄租界宝善里内的共进会秘密机关配装炸弹，共进会另一位负责人刘公之弟刘同忽从外面来，站在旁边抽烟，无意中落一火星在配药盘中，当即引起爆炸，发出巨响。孙武头部和两手均被炸伤。另室中之共进会员丁笏堂急忙赶来，将血流满面的孙武用布盖上，从宝善里 14 号后墙翻出。

俄国巡捕赶来将宝善里巷口封锁，在该里 1 号刘公住宅中，捕去刘同等人，旋即由俄领事馆引渡给汉口江汉公署。旗帜、印信、文告、名册等机关秘密全落敌手。此时，汉口长清里总机关亦被破坏，一些革命同志被捕。清政府下令封禁江面交通，巡查街上来往行人，调兵控制要路，禁止各部队兵目外出，并继续闭城搜索。整个武汉三镇笼罩在一片肃杀气氛之中。

消息传到武昌，刚从岳州返汉的蒋翊武在小朝街85号机关下达了当晚起义的命令。

当天午夜，敌军警猝至，搜查小朝街机关。刘复基被捕。蒋翊武头垂长辫，衣着古朴，如乡间学究，未引起军警注意，乘间翻墙逸出，远遁至汉川。彭楚藩亦翻墙逃走，但在翻墙时头部受伤，走不多远即被捕。同被捕者还有牟鸿勋等人。

同一天夜里，担任交通员的杨宏胜乔装送炸弹至工程第二营，被守卫者盘诘。杨宏胜急步逃逸，遭到尾追。杨向追捕者投一手榴弹，周围警察闻声，赶来助捕。杨遁入黄土坡寓所，亦被捕。

清政府还破获了武昌分水岭、黄土坡、胭脂巷、龙神庙等机关，捕去了大批革命同志。瑞澂和武昌知府陈树屏连夜刑讯了彭、刘、杨三人。

1911 年 10 月 10 日凌晨 2 时至 7 时，彭、刘、杨三志士在督署东辕门惨遭杀害。

2 武昌起义的枪声

10 月 10 日，武汉全城处在恐怖气氛之中。革命的地火却在运行、奔突，行将喷薄而出。小朝街85号下达的起义命令已把各标、营革命党人的行动统率起来。各标、营革命党代表在无新的部署的乱局中，自动执行成命，秘密串结同志，准备当晚起事。行动几乎是不约而同的，革命的主动性支配着这千钧一发的时刻。

当晚7时左右，草湖门外的塘角，李鹏升、李树芬等到马房纵火。混成协第二十一营辎重队、工程队和炮队组成一个小部队起义，向武昌城内进发。

在城内，位于黄土坡驻地（今紫阳路、首义路相交处之省总工会内）的工八营，正处于起义前的紧张之中。晚饭后，已点过头道名，工八营革命党总代表熊秉坤顺前、后、左、右四队巡视，了解动态与士气。当他走到本队第一排第三棚时，听见第二排有吆喝声，他心中一怔，取枪在手，边探边行，远远看见第二排排长陶启胜迎面跑来。熊秉坤见他来意不善，当面击发一枪，没有命中。但这一声枪响，立即点燃起了埋葬清王朝的历史烽火。早已戒备着的敌人，在慌乱中出动，革命党人也扬眉剑出鞘，在紧迫中投入战斗。熊秉坤急忙奔上楼至穿堂间。敌人这时接连发枪，将革命党人章盛恺、程风林击中，其他人也被封锁在楼上。反动分子、代理督队官阮荣发等把守在楼梯口。他们一面开枪，一面大喊："汝等均有家小父母住在此地，此等事做不得，要灭九族的。赶快觉悟，各回本棚，不要胡闹！"熊秉坤将痰盂、花盆、瓦钵、板凳充作兵器，向下抛击，其他革命党人则从楼上开枪，打死了阮荣发等，然后一拥下楼。熊秉坤马上鸣笛集合，撬开军械库，得军刀24柄后，分给各代表佩用，并立即进占了楚望台军械所。

这时工八营左队队官吴兆麟（旧日知会干事）来到，起义士兵立即拥吴为临时总指挥，熊秉坤则协助参赞。

此时，城内外各标、各营革命士兵相继响应，起义者分别占领了凤凰山、蛇山等制高点，形成了巨大声势。武昌城内外数千人响应起义，步骑参差，枪炮齐鸣。楚望台则成为起义军的大本营。工程营、三十标、二十九标、辎重营、测绘各路兵马及首义骨干蔡济民、熊秉坤、马荣、吴兆麟等聚首台上。楚望台军械所以大量武器弹药装备了首义党人，为首义的胜利提供了物质保障。

起义军向湖广总督衙署（坐落在武昌望山门和文昌门之间）发动了进攻。瑞澂和第八镇统制张彪此时还依仗手中掌握的少数军队和警察，妄图固守督署，做垂死挣扎。

10日晚11点，民军分三路进攻督署。因敌人负隅顽抗，民军兵力不足，南湖炮队又刚刚入城，在蛇山等处阵地尚未立稳，不能发挥火炮威力。进攻王府口、保安门的部队，也均受阻，且有伤亡。

晚12时后，首义军发起第二次进攻。此时，各标营人马全部出动，炮兵也在蛇山稳固了阵地，革命军声势大振。但因当晚阴雨，能见度很低，火炮不易命中目标，而敌人则踞险而守，第八镇统制张彪指挥发动两次反扑，狙击熊秉坤部。马荣和熊秉坤商量，组成敢死队，奋勇冲击，才把敌人压下去。

接着首义军发动第三次进攻。此时第一路、第二路民军已经会合，向大都司巷的第八镇司令部发起猛攻。敌军在巷口排列机枪扫射，使民军伤亡甚众。此时两位无名壮士匍匐前进，潜抵敌机关枪下狂呼跃起，但第一位勇士被敌人劈倒，第二位趁敌举刀之际，夺过敌人机枪，扭转机枪返射敌人，一大排敌人应声而倒。民军遂占领大都司巷第八镇司令部，敌军退至督署东辕门。

顽敌作困兽之斗，退至辕门内仍施放排枪。民军十余人冲进辕门，竟陷于敌半环形包围之中，这时又一勇士纪鸿勋提煤油一桶，跃入督署厅旁放火。火势燎及大堂，残敌见巢陷穴崩，作鸟兽散。纪鸿勋亦阵亡。

在督署陷落之前，瑞澂打穿督署后面围墙，仓皇出逃至长江边，登上楚豫兵舰逃命。张彪稍后也逃至汉口刘家庙。

10 月 11 日 7 时许，起义军通过竟夜苦战，占领了武昌全城。从工程营发难，到此时还不过 12 个小时。

当武昌发生起义时，阳（汉阳）、夏（汉口）方面尚不知晓。10 月 11 日，汉阳革命党人胡玉珍等鸣枪为号，占领汉阳兵工厂。汉口方面新军也一齐行动。差不多同时，因主办《大江报》鼓吹革命而被判处徒刑的詹大悲、何海鸣 10 月 11 日即在狱中得知武昌已起事。当日他们从汉口监狱中出来，相偕渡江到武昌，请湖北军政府派兵到汉口。12 日，詹大悲等率兵一队到汉口，在四官殿设办事处，旋在江汉关设立汉口军政分府，詹任主任。

至此，武汉三镇全部光复，革命政权亦在三镇确立。反动、腐朽的清王朝就这样首先在武汉崩塌出一个无法补救的缺口，终至在各省响应武昌首义的风暴中寿终正寝。

清廷为了扑灭武昌起义烈火，先后派荫昌、袁世凯督军进扑武汉，革命军方面则在危难之际由甫到武汉的黄兴出任总司令，与清军在汉口、汉阳进行激战。后来，汉口、汉阳虽然陷落，但南京却被江浙革命军所占领。而袁世凯也欲以手中重兵迫清帝退位和革命派退让，以从中渔利而窃国，从而开始了停战与和谈。

3 武汉停战，筹建民国临时政府之争

武昌起义后，全国各省纷纷响应，宣告独立，清王朝统治陷于土崩瓦解之中。独立各省开始成立中央政府的酝酿。

武昌是首义之地，上海是革命党人集中较多的地方。武昌和上海差不多同时发出成立临时中央政府的通电。11 月 9 日，湖北都督府致电各省，请派代表赴汉成立中央政府，陈英士、程德全为代表的江浙集团则提出在上海成立各省联合机构，请各省谘议局、都督府各派一代表到沪开会，不少代表到达了上海。17 日，江浙方面接到武汉方面邀请代表赴鄂的电文后，仍坚持上海为各省代表联合会和临时中央政府所在地，但表示承认湖北都督府代行中央政府职权。湖北集团则坚持各省代表会移至武昌开会，除发函、电外，还派居正到上海力争。这时，各省代表多抵武汉，黄兴、宋教仁等同盟会领导人也在汉。到24日，上海的各省代表联合会只好赴武昌开会。

当各省代表到达武昌时，被清政府重新起用的袁世凯，一面派代表到武昌进行和谈试探，一面又派兵攻陷汉口、汉阳，并置武昌于炮火威胁之下。11月30日，各省代表联合会不得不由武昌移至汉口英租界开会。12月2日代表联合会作出两项重要决议，一是通过《临时政府组织大纲》，一是决定“虚临时总统之席”，以待袁世凯就位。这样，组织临时政府一开始就和袁世凯任大总统联系在一起。袁世凯也通过英国驻汉口领事于11月30日向湖北军政府提出停战及和谈要求。

当时，汉口、汉阳陷落，武昌城中人心惶惶，居民纷纷逃散。孙武、张振武、刘公等派出稽查队，沿街巡逻，坚守武昌，维持秩序。不久，黎元洪以蒋翊武护理总司令，吴兆麟为总参谋长。因武昌遭到炮击，遂设司令部于洪山宝通寺。同时，将武昌沿江划为三个防区，以海军在阳逻附近游弋，护卫武昌。

冯国璋攻陷汉阳后，清廷传谕嘉奖，赏给他二等男爵，本希望他继续进攻武昌。当时全国已有14省宣布独立，张勋又从南京败退，逃往徐州。北方近畿一带，也险象环生。而清军兵力却全被吸引在京汉铁路一线，根本无法应付全国的革命形势。袁世凯有见于此，继续施展反革命的两面手法，对武昌方面又打又拉，重点放在拉的方面。

一方面，袁世凯让清军从龟山用重炮轰击武昌，继续对黎元洪施加压力。黎元洪有弃城出逃的打算，因被范腾霄、张振武、甘绩熙等阻止，第一次没有走成。12 月 1 日正午，都督府正厅中弹起火，黎元洪仓皇出城，逃往武昌下游 90 里的王家店。黎元洪准备效法瑞澂，如果武昌失守，就携带 60 万两银子登舰逃走。

另一方面，袁世凯又通过外国使团加紧进行停战议和的活动。列强看到清王朝难以支撑，就积极扶植袁世凯，把他作为新的代理人。英国驻华公使朱尔典联络北京各国使团，出面斡旋停战，为袁世凯上台创造条件。

就在黎元洪出逃的当天，英领事派英人盘恩由军政府顾问孙发绪陪同，到武昌商谈停战。因黎元洪出逃时将都督印带走，遂由吴兆麟、孙武做主，照刻了一个印，盖在协定上，达成了停战 3 天的协议。

正在逃跑途中的黎元洪听到了停战协定签订消息，喜出望外，次日就从王家店返武昌。停战原定 3 天，后在英国领事斡旋下，继续停战 3 天，到 9 日，黎元洪和各省到汉口开会的代表，又议决各省停战 15 天。停战范围除陕西、山西、四川三省另议外，扩大到全国各省，由独立各省派代表与袁世凯派的代表进行谈判。若于 15 日谈判不决，再延长 15 日，同时，黎元洪将停战条件分别电告各省都督，要求一律遵守。

由于汉阳失陷，黄兴又返回上海，上海成为革命党人活动中心。各省留沪代表和江、浙、沪都督正酝酿选举新的民国政府领导人，而各方意见很难统一，湖北方面和上海方面各有打算。12 月 25 日，孙中山从海外归来到达上海，各省革命党人一致同意选举孙中山为临时大总统。29 日，孙中山当选。1912 年 1 月 1 日，孙中山在南京就任临时大总统，宣告中华民国临时政府成立。从这天起，改用公历，并确定 1912 年为民国元年。黎元洪当选为副总统，黄兴等 9 人为国务员。

由武昌首义而触发的辛亥革命，至此夺得了创建中华民国、推翻君主专制的胜利。

四　民初城市发展和新民主主义革命的兴起

汉口的重建

武昌首义爆发之后，武汉三镇战火纷飞，许多建筑物和公用设施被摧毁，工厂、学校也遭到炮火袭击。10 月 30 日冯国璋下令在汉口租界外市区纵火，以火攻摧毁民军的抵抗。革命军步步为营，清军烧一段进一段。纵火地段下起今车站路、大智路，延及江汉路、民生路、六渡桥，上迄硚口玉带门一带，火头达十几个之多，火势由下而上，席卷一二十里。这一场大火持续到 11 月 4 日，前后达 5 天之久。汉口市区烈焰冲天，繁华街市顿成焦土。“遂使锦绣之场，一旦化为灰烬”，各行商业“残破殆尽”，数以十万计的人倾家荡产，汉口市区有 1/5 到 1/4 完全被火毁。

战乱之后，武汉市面萧条，人口锐减。1912 年春，汉水河口聚集之船，不及往年的 1/10。

1912 年 1 月 25 日，汉口总商会召开会议，“筹议重建汉口市面办法”。与会人士呼吁当局重建汉口。同月，既济水电公司总理董事、汉口总商会议董宋炜臣等向黎元洪呈文，提出建筑汉口新市场的6条办法，建议黎元洪“与清政府开谈判，以其内帑赔偿汉口之损失”。南京临时政府还以李四光为“特派汉口建筑筹备员”。湖北军政府也以左德明为“汉口建筑筹备员”，还调派工程师，成立“建筑公司筹备处”。公司着眼于汉口的近代化，参照西方城市建设和租界区市政，草拟了规划，绘制了建设汉口商场蓝图。

1913年12月24日，袁世凯以杨度为督办汉口商场事宜，将原先的马路局改为工巡处，由江汉关监督兼理工程处。

此时，汉口商民为了恢复创伤，谋求生计，各自根据财力条件，重建房店民宅。其建筑规格普遍偏低。

从1912到1914年的3年复建，汉口被焚房屋大量重建。但是窘于资金，不能按近代城市的建筑规格进行统筹规划和施工，只是房产主、店主各显神通，量力而为之。在这个过程中，拥有权力和资金的豪富，包括辛亥首义出现的新贵，修造了当时很显眼的近代建筑或大型建筑。

汉口的振兴，引起了孙中山的密切关注。孙中山不仅是中国民主革命的先行者，也是祖国近代化的伟大设计师。孙中山在考虑全国建设计划时，也对武汉的城市发展进行了总体规划。

孙中山计划修铁路20万公里，公路100万公里，要使汉口成为“中国本部铁路系统之中心”。其中包括京汉路线延长至汉口市、区中心（原只通至汉口近郊）。

孙中山所设计的中央铁路系统有24条线路，其中有南京汉口线、西安汉口线、北方大港汉口线、黄河港汉口线、芝罘汉口线、海州汉口线。其设计的东南铁路系统中则有福州武昌线。

孙中山对于武汉航运、铁路、商贸，市区扩展，架设长江、汉水桥，开凿长江隧道等，都有卓越的见解，并且一一在今天转化为现实。其计划武汉将如“纽约、伦敦之大”，“为世界最大都市中之一”，虽可能不切实际，但仍可发人深省。

1912年到1920年间，汉口出现了建房热。一般中小业主只能在自己原先的房基上重振店业、家业，规模不大。而接壤租界的地方，则成为富商巨贾、军阀官僚的抢手地盘。

1914年至1918年间，沪商蒋广昌和胡余庆堂，在今江汉路、南京路之间合资修建义成总里。官僚袁海观修建了长怡里、长乐里、长康里、长寿里等里份。当过上海道的桑铁珊修建了保和里、保安里、保成里。赣商周扶九修建了五常里（今永康里）为中心的中山大道两侧店、房数百栋之多。

在六渡桥到江汉路一带，新建房屋鳞次栉比，仿洋创新，形成了整齐的马路和两侧的店铺，奠定了市区中心的格局。

2 民族资本主义工商业的复兴

萌发于甲午战争前后的武汉民族资本主义工业，

在武昌起义、阳夏战争中遭到了很大破坏。特别是冯国璋在汉口纵火，使昔日繁华市区变为瓦砾。工商业者纷纷走避租界和外埠，工厂、商店关停者不在少数，元气大伤，一时难以恢复。而汉口租界中的工商业却迅速兴盛起来。

及至第一次世界大战爆发，帝国主义间忙于欧洲厮杀，无力东顾中国，相对放松了对中国的商品输出、资本输出。在这种特殊的历史环境中，武汉再度兴起建厂热潮。武汉城市规模扩大，人口增多。至 1916 年，汉口市区有 24.4 万余人，武昌、汉阳市区约有 20 万人。武汉成为约有 50 万人的城市。

据载，1920 年武汉市区内（不包括郊区，也不包括一些市内小厂）共有工厂 58 家。这些工厂集中在纺织、轧花、榨油、碾米、面粉、造纸以及肠衣、烛、皂制造等轻工业方面。此外，还有一些铁器和修理工厂。

1915 年到 1916 年，武汉工商界著名人士李紫云、刘谷臣等发起，在武昌武胜门外筹办武汉第一纱厂，1919 年正式投入生产。以后发展到 300 台布机、88000 枚纱锭，成为武汉最大的纺织厂。所产醒狮牌 16 支纱颇有时誉。

裕华纱厂筹建于 1919 年，由汉口纱帮负责人孙志堂任总经理，张松樵任经理。1920 年改为裕华股份有限公司，由徐荣廷任董事长，经理仍为张松樵。1922 年开工生产，有纱锭 42800 枚，布机 500 台。

震寰纱厂于 1919 年由刘子敬、刘逸行、刘季五（分任主任董事、总务董事、专任董事）等筹建，1922

年5月开工。至1923年，有纱锭20736枚。1926年增设布厂，有布机250台。

除纱厂外，其他工业亦有一定发展。如扬子机器厂的资本从1907年的35万两增至1920年的150万两，可生产铁路车辆、桥梁、叉轨、煤气发动机、化铁炉等。日本、欧美各商亦有向该厂定购者。1914年武昌电灯公司创办，集资达45万元。1917年燮昌、燧华火柴公司进行了整顿。福新面粉厂至1918年，资本为150万元，每日生产面粉2600包。

但是，民族资本主义工业好景不长，随着第一次世界大战的结束，帝国主义者卷土重来，加紧对中国人民的压榨，也桎梏着中国民族工业的生机。如日本纱厂所产棉纱在中国的倾销，给武汉地区的棉纺厂以沉重打击。在第一次世界大战中兴旺起来的武汉制蛋工业，因战后欧洲各国发展养鸡，保护其本国蛋品加工，禁止和减少蛋品进口，而纷纷倒闭。

3 北洋军阀祸鄂

如果说，民初的武汉城建和经济还有所复兴的话，民初武汉的政坛却扭曲得不成样子。中华民国虽然创建了，但在神州大地上并没有实现真正的共和。在民国的外壳下，中国半殖民地半封建社会性质未曾稍改，只是在变态中深化或深化中变态。

在武汉，黎元洪的出山为当时革命局势的稳定起过一些积极作用，但在南北议和中他已倾向袁世凯。

南京临时政府成立时，黎以首义都督的资本躐为副总统，和革命党人打交道，同时又与手握重兵的袁世凯眉来眼去。在革命党人和袁世凯的角逐中，黎元洪成了左右逢源、双方都要争取的对象。1912 年 4 月 1 日，孙中山被迫辞去临时大总统，袁世凯终于挟实力而窃国，登上了临时大总统的宝座，并把首都迁往北京，进而以软硬兼施的手段对革命派进行剿灭。黎元洪在广植党羽、招揽私人的同时，还将一些对自己有威胁的革命者，或助送出洋“留学”，或以“进京重用”为名，请袁世凯将之调到北京，委以闲职；而对大量的革命党人则是以裁军为手段，将其遣送回籍。

黎元洪还无视《临时约法》中规定的言论自由，查封《大江报》、《民心报》、《震旦公报》、《民国公报》、《自由日报》、《大汉报》等，杀害进步编辑、记者凌大同、余慈舫。

接着，黎元洪就开始一系列排挤打击革命党人的阴谋活动。他利用革命党人之间的矛盾，撤销蒋翊武战时总司令一职，调为都督府高等顾问。1913 年，以孙中山、黄兴为代表的资产阶级革命派发动二次革命，进行武装倒袁。黄兴在反袁中主张图武汉，以号召全国。湖北革命党人詹大悲等积极响应，利用合法方式，在汉口召开“国民大会”，在武昌召开公民大会。5 月 11 日，詹大悲（主席）、刘艺舟等以国民大会名义，在汉口大舞台集会，弹劾袁世凯、赵秉钧。黎即派兵禁止，并命令警察厅，以后遇有与政府为难者，一律干涉，不惜使用武力。同时宣布禁止集会结社。

当江西方面李烈钧准备起兵讨袁时，黎元洪派黎天才师和石星川师等赴鄂东策应袁军作战，又以汉口镇守使杜锡钧担任北洋兵粮台，为之供应军需，使湖北成为袁世凯镇压二次革命的兵站和后勤基地。

6 月 9 日，李烈钧被袁世凯免职，离开江西，黎元洪兼领江西都督。湖北革命党人组织湖北公民讨贼团加紧活动，准备发动起义。黎元洪获悉后，于 6 月 24 日派兵包围了由国民党人主办的《民国日报》社，查封国民党汉口交通部，将百余名革命者杀害。

湖北沙洋、沔阳的革命党人章裕昆、刘铁组成四千条枪的武装，他们在 23 日接到汉口国民党交通部下达的 26 日占领武昌的指令后，立即行动。章裕昆在沔阳麻阳潭以湖北讨袁军先锋军名义发出布告，宣布独立。附近冯玉祥部一个营响应。但很快失败。

刘铁率鄂军第八师三十团和阙龙（驻襄阳上游）二十五旅一部在沙洋宣布讨袁，响应李烈钧在江西湖口反袁独立。但孤军奋斗 20 多天，陷于四面包围之中，最后突围至湖南，刘铁本人出走上海。在二次革命中，武汉起事败于未萌，沙洋、沔阳的起兵是唯一实际的军事行动。

二次革命失败后，黎元洪秉承袁世凯铲除“乱党”的指令，取消了国民党在湖北各地的支部、分部，限令政、学、商各界焚毁所领国民党徽章、证书。湖北省议会将国民党议员詹大悲、梁钟汉、赵鹏飞等除名。至此，国民党势力在湖北、武汉不仅受到沉重打击，而且已无公开存在的可能了。

1913 年 8 月，武昌都督府高悬起袁世凯手书的“民国柱石”大匾，都督府大门外也挂着袁世凯手书的“中华民国副总统府”的长匾。黎元洪在南北战事中“策划战守，呕心沥血”，又平掉“武汉暴徒盈千累万”。对此，袁世凯除了送匾之外，还送来了一等文虎章和一大笔奖金。

岂知袁世凯行事，总是一手捧蜜糖，一手持刀剑的。仅仅在送匾三个月后，袁又用“霸王请客”的办法，把黎元洪调到北京就任徒有其名的副总统，将其控制起来。

黎元洪入京时，湖北都督由段祺瑞兼代。大约三个月之后，袁世凯又派段芝贵任湖北都督。通过这一“请出来”、“派进去”的方法，袁世凯把湖北抓到手了。为剪除黎元洪在湖北的势力，袁世凯将湖北政府要员均用外省籍人替换，先后启用安徽人吕调元、段书云、段祺瑞等。特别是段祺瑞到任后，就“安插十余人在府办公”，“自民政长至各观察史，均须更换”。这样，湖北、武汉军政大权均掌握在外省人之手，与湖北地方势力渐起矛盾。湖北一些军政要员调至北京后，成立旅京同乡会，不时插手湖北地方政事，主张鄂人治鄂，与湖北当局常有分歧。于是一步步演化出“外人治鄂”与“鄂人治鄂”的矛盾。在段芝贵督鄂时，王占元就觊觎着段的权力。王占元，山东馆陶人。出身行伍，后到小站投靠袁世凯。1911 年武昌起义时，先后任北洋军第二镇三协统领、第二镇统制、第二师师长，在武汉与民军作战。1913 年带兵入鄂镇压二次革命时，就以湖北都督接替人自居。1914 年，王任湖北军务帮办，1915 年被授为壮威将军，督理湖北军务。

袁世凯在八十三天的皇帝梦破产后忧愤暴卒，黎元洪继任总统，段祺瑞为国务总理。黎任王占元为湖北督军。1916 年，湖北巡按使范守佑去世，王又兼任民政长，从而一手把持湖北军政，大量引用山东人，形成了“鲁人治鄂”的局面。

王占元在湖北、武汉巧取豪夺，朘削民脂民膏，在湖北近代官场中可谓登峰造极。以扣发军饷、倒卖铜元、垄断军需生产等手段，王占元掠夺了约 7000 万元的不义之财，在武汉、天津和山东等地购置地皮，投资工厂、银行，称富一时。

4 武昌兵变

长期以来在湖北推行暴政的王占元，不仅被广大下层人民视为豺虎，而且连资产阶级民主派、地方实力派也不能容忍。黎元洪、周树谟（湖北旅京同乡会会长，清代遗老）、屈佩兰（湖北省议会议长）、李书城、蒋作宾、孔庚等湖北在京各界名流也主张“湖北自治”，反对“鲁人治鄂”，提出“废督去兵”、“鄂人治鄂”，矛头指向王占元。

王占元为了巩固其在湖北的地盘，不断扩军黩武，加强实力。为满足军需，他大量增加税收，发行湖北官票。但王并未将聚敛的军费发至部队，常常大额克扣，有些部队欠饷达七八个月之久。长期欠饷使矛盾激化，终以兵变的形式爆发出来。1920 年 12 月，湖北宜昌兵变。1921 年 6 月，变兵在城内外大抢大烧，全城商店全遭抢劫，有的被劫一空。6 月 4 日，宜昌第二十一混成旅一个团（孙传芳部）的变兵开到武昌，发动武昌兵变。8 日凌晨，2200 名变兵汇合于阅马场，然后割断电话局总线，砸坏电灯公司机器，使全城一片漆黑。接着在武昌开始放火抢劫商店，闯入省议会大楼，枪杀警卫，抢走钱柜，并烧了官钱局、造币厂。官钱局总办郭干卿被变兵用绳吊起，打成重伤。城内外枪声四起，火光烛天。

这一次武昌省城骇人听闻的兵变，公私财产损失数千万元，打死 57 人，300 余户房屋被焚。不仅省议会、省长署，乃至王占元的督军署也遭到袭击。

8 日下午，王传令变兵退役、缴枪，保证发足欠饷，每人给 20 元遣散费，劫来财物不加追究，准予携回家中，同时以火车免费遣送回乡。

变兵在缴枪后，陆续在汉口刘家庙上车，当晚 11 时开车。车至横店孝感之间，王预先派湖北第四混成旅旅长刘佑龙率兵设伏，并架起 6 挺机枪，待车至时，伪称备有饮食，诱变兵下车后进行扫射，毙杀一千七八百人。

兵变造成武汉社会的动乱，也充分暴露了王占元统治的残暴。兵变也给湖北自治运动以口实。在兵变稍后，以“驱王”为目标的湖北自治运动再度高涨。

兵变发生后不久，主张“鄂人治鄂”的湖北旅京同乡会就致电国务院，指控“王占元纵兵扰民，激成巨变”，要求“立予罢斥，归案讯办”，并建议派大员到湖北查办此事。

7 月 8 日，旅京湖北同乡会又在北京湖广会馆集会，议决“驱逐王占元”，并加派代表到总统府、国务院多次请愿。

但这些声嘶力竭的呼吁，并未能够说服北洋政府罢黜王占元。

于是以李书城、孔庚、蒋作宾为代表的另一部分湖北政界、军界民主人士，决定以武力驱王。但湖北自黎元洪及两段督鄂裁军后，本省人士均未掌握军队，手中无兵，于是转而联合湖南督军赵恒惕和四川督军刘湘，利用湘、川兵力以倒王。湘军援鄂，发动强攻，在鄂南大挫王占元军，一步步逼近武汉。

王占元在走投无路之时，于 8 月 10 日通电辞职。8 月 11 日，王乘军舰离鄂。此前的 8 月 9 日，北京政府早已任命吴佩孚为两湖巡阅使，萧耀南为湖北督军。

上面这种动乱的政局，昭示着辛亥革命的失败和旧民主主义革命的终结。北洋军阀的武人专政，粉碎了中国资产阶级革命派的“西方共和国”的旧梦。残酷的现实迫使人们寻找新的革命道路。

五四风云涌江城

1919 年在北京发端的五四运动以彻底反帝反封建的新姿态登上中国政治舞台，揭开了中国工人阶级领导的新民主主义革命的序幕。“五四”前夕，武汉人民就关注“巴黎和会”的动态，同时以愤激的心情筹备1915年5月7日袁世凯接受日本强迫承认的“二十一”条的国耻纪念活动。当五四运动爆发时，武汉涌起巨大的革命洪流。

斗争的风暴首先在武昌粮道街的中华大学卷起。武汉学界的先进层，如中华大学中学部主任恽代英、武昌高师学生陈潭秋、中华大学学生林育南、武昌高级商校学生李求实、勺庭中学学生李书渠等早就酝酿在“五七”国耻纪念日中采取行动。5月6日，恽代英与林育南商讨后，写下了《四年五月七日之事》的传单。5月7日，武汉各机关、学校放假一天，以示不忘国耻。中华大学在这天召开运动大会，以发扬尚武精神，振扬国威。正当运动会上人声鼎沸之际，北京学生南下的代表来到了，向大家介绍了北京五四运动情况。第二天，运动会便成了声援北京学生爱国行动的群众集会。

北京、天津学生赴汉代表罗少卿、张益宣等在武汉各校连续发表演说，推动武汉学联和京、津学生联合行动，并推举代表参加全国学联。

在青年学生爱国精神的感召下，武昌商界也开展了抵制外货、提倡国货的运动。5月19日下午由裕顺昌贸号发启，160人在西社街集会，响应国货运动号召。次日，汉口洋广杂货帮商人，因本帮售卖洋货最多，决定将所有洋货开单盘存，卖完后不再添购。21日，恽代英等组织“学生实行提倡国货团”。学联的代表还往武昌劝业场以及汉口模范大工场等处宣传提倡国货。5 月 24 日，武昌造币厂、修理厂工人和一部分店员、店东于下午 6 时在洗马池开会，商讨抵制日货行动。武昌外语学校学生还将日本平顶硬壳草帽，剜去帽顶，堆在校门口，过路人有戴这类草帽的，见此情形，都将草帽毁弃。

武汉青年学生的爱国行动，遭到了北洋政府的残酷镇压。

6 月 1 日，武汉各大中学校门首，军警林立。武昌各街市，巡警遍布，交通几乎中断。当学生冲出学校、沿途演讲时，遭到巡警的阻追殴击、刀砍、枪杀。私立法政学校学生李克振等 8 人，在北城角演讲时被陆军第二师七团三营所捕。湖北中学之张万生等 4 人在阅马场被警察三署所捕。中华大学、文华大学、启黄中学均有学生被捕。武昌高师学生陈开泰被刺刀戳穿右大腿，还有一些学生被殴伤。总计被捕者几十人，负伤者十几人。这就是轰动全国的“六一”惨案。

反动派的倒行逆施，并没有使武汉人民屈服，相反，学生罢课、商人罢市、工人罢工，进一步扩大了斗争的规模。武汉各阶层、各社会团体也都群起响应，以各种方式表示支持。特别是武汉律师公会，积极伸张正义，为民请命。律师公会副会长施洋四处奔走呼号，营救被捕学生，并致书当局，要求惩办元凶，控诉反动军警的暴行。

在“五四”之后，进步的、革命的宣传马克思主义的刊物陆续创办，给武汉地区的文化带来了一派生机。

由恽代英等主办的《互助》在 1920 年 10 月创刊，

此外他们还编有《我们的》等刊物。这些刊物有较明确的政治态度，是武汉地区探讨社会改造的园地，也是研究社会主义学说的早期阵地。由恽代英、黄负生、刘子通、李书渠等创办的《武汉星期评论》，是1919年上海《星期评论》出版后不久问世的。这一刊物反映和支持学生运动、工人运动、妇女解放运动，后来接受了武汉共产主义小组领导。李汉俊、林育南、董必武、陈潭秋、钱亦石、夏之栩都在刊物上发表过文章。这个刊物一直办到1923年，在传播马克思主义方面发挥了重要作用。

6 武汉共产主义小组

随着十月革命影响的扩大和新文化运动的深入，武汉地区形成了以董必武、陈潭秋、恽代英、李汉俊等为代表的一支为数不大，却锐气方新的具有初步共产主义思想的知识分子队伍。

1920年秋，在武昌抚院街97号（今民主路下段——从胭脂路到小东门一段）董必武、张眉宣寓所，召开了武汉共产主义研究小组（也称为中国共产党武汉支部）成立会议。参加者有董必武、陈潭秋、包惠僧、张眉宣等，还有工人出身的郑凯卿（文华大学工人）。会上由刘芬报告了上海共产主义小组成立经过及组织状况，讨论了从上海带回来的中国共产党纲领草案，规定了小组每周开一次会的组织生活制度，并推选包惠僧为临时小组书记，张眉宣管理财务。会议还决定租赁武昌多公祠5号为研究小组的机关部。机关门口挂刘芬律师事务所招牌，以作掩护。

共产主义研究小组建立后，开展了学习马克思主义的活动。每周开会一次，由参加者轮流作读书报告。所读的书籍有《共产党宣言》、《“资本论”浅说》、《马克思传略》、考茨基著的《唯物史观》、李季译的《社会主义史》等，还有《新青年》、《共产党》等进步刊物，以及利群书社经营的书刊。

1920年秋，董必武、陈潭秋、恽代英、林育南、刘子通、黄负生、施洋等人还建立了一个公开的马克思学说研究会。研究会每两周开会一次，研究各种理论和实际问题。

在武汉共产主义研究小组领导下，以武汉中学为基地，筹建了社会主义青年团。武汉地区大中学校有20多人入团，并与上海、北京等地团组织取得了联系。

为了推动工人运动的发展，共产主义研究小组成员用了一个月时间调查了武汉工人的状况，写成了《武昌五局工人状况》、《汉口苦力状况》两篇调查报告，发表在《新青年》上。包惠僧写了《武汉劳工状况及其活动》发表于上海《民国日报》副刊上。小组还具体指导了人力车工人的罢工。

武汉共产主义研究小组的建立，是武汉地区革命发展史上的重大事件，它使马克思主义传播到武汉，并开始和武汉地区工人运动结合，是武汉地区先进分子长期以来探索救国救民真理，终于迈向无产阶级革命道路的标志。1921年夏，董必武、陈潭秋作为武汉共产主义研究小组的代表，赴上海参加中共“一大”会议。中国共产党成立后，武汉共产主义研究小组就结束了她的历史使命。

1921 年 8 月，董必武、陈潭秋参加中国共产党“一大”后从上海回到武汉，成立了党在武汉的机构——中共武汉工作委员会，由包惠僧任书记，董必武、陈潭秋（负责宣传）为委员。机关设在武昌黄土坡下街 27 号。

以后中共武汉工作委员会改为武汉地区执行委员会，下面又建立了党在武昌、汉阳、江岸、徐家棚等的几个小组。到 1922 年春夏之交，武汉地区约有党员 50 多人。此后，武汉地区的党组织又改建为中共武汉区委，区委还派党员到湖北各州县建立县委、特支、支部和小组。

1921 年 8 月，中国共产党为了公开领导工运，在上海设立劳动组合书记部。1921 年 10 月又成立了长江支部（地点在武昌黄土坡 16 号），由包惠僧兼任书记，并派李书渠到徐家棚开展工运。李在武昌徐家棚办起了粤汉铁路工人补习学校（亦称俱乐部）。

中共武汉区委还在武汉中学、共进中学、崇实中学、湖北女子师范和武昌高师附小等学校中，建立社会主义青年团，把一大批优秀青年团聚在党的周围，成为一支充满革命活力的青年先锋队。

武汉地区党的组织建立后，把推动工人运动作为首要的任务。

1894 年，武汉已有产业工人 1. 3 万人，占全国产业工人的17.1%。清代末年，“武汉三市（汉口、武昌及汉阳）的工厂，使用职工数不下3万人。特别是百货集中的汉口……苦力据说达九、十万人”。到1920年，湖北产业工人已达30万人，大部分集中在武汉。随着工人阶级队伍的壮大，特别是马克思主义在武汉地区的传播和党组织在工人中的政治、思想和组织上的发动，武汉工人阶级作为中国工人阶级队伍的重要组成部分，以革命的领导阶级身份走向政治舞台，通过党组织实现对革命斗争的领导。在党的领导下，武汉工人运动蓬勃兴起，展示出新的局面。

党组织未正式建立前，武汉共产主义小组成员就发动了1920年的粤汉铁路工人大罢工、1921年的汉口人力车工人罢工，党组织建立后，又领导了1922年的粤汉铁路工人第二次罢工和英美烟厂罢工。在罢工斗争中，建立和发展了工会组织。同时，中共党组织还领导了1921年、1922年的两次湖北女师学潮，赶走了封建顽固势力在教育战线的代表女师校长王式玉。

7 京汉铁路工人大罢工

1923年2月初爆发了京汉铁路工人大罢工。

京汉铁路工人大罢工是中国工人阶级在中国共产党领导下的第一次有组织的伟大政治斗争。斗争的主要目的不是一般地改善劳动条件、增加工资，而是争取工人阶级的政治权利，争取工人阶级成立自己的组织的自由。党的著名活动家李大钊、陈潭秋、林育南、邓中夏、项英、李求实等都参加了对这次罢工运动的领导。

1923 年初，京汉铁路工人在郑州发起成立京汉铁路总工会。但这一正当行动却遭到军阀吴佩孚的禁止和镇压。京汉铁路工人不畏强暴，决定举行全线大罢工。为了便于领导罢工运动，2 月 3 日京汉铁路总工会从郑州迁到汉口江岸办公。在党的领导和发动下，江岸工人罢工的怒潮像火山熔岩般爆发了。江岸机车修理厂的工人拉响了罢工的第一声汽笛。

罢工开始后，党及时委派陈潭秋、项英等负责武汉方面的工运工作。在党的领导下，武汉各工团、学校纷纷组织慰问队，到江岸支持罢工的铁路工人。学校还发起同情罢课。2 月 5 日，武汉工团赴江岸慰问代表达两千多人，参加慰问大会工人一万多人。会后，举行了愤怒的大示威。人们从江岸出发，闯过日、德、法、英租界，最后到江边一码头。沿途有成千上万的市民加入游行队伍。

就在革命洪流汹涌之时，反动派策划了罪恶的阴谋。北京的外国公使团召集紧急会议，要北洋军阀政府武力镇压工人。汉口英国总领事劳费灵尔和湖北督军萧耀南密商毒计。2 月 5 日，京汉铁路局局长（萧耀南所辖部队的稽查处长、军法处长）赵继贤发出布告，限工人 12 小时内复工。工人奋起反抗，于 2 月 6 日举行了大游行。

2 月 7 日下午，在萧耀南的指使下，汉口镇守使署参谋长张厚生带两营士兵，包围江岸工会，进行围捕。

陷入敌人包围之中的数百工友，在工人纠察团副团长曾良玉的带领下，高擎红旗，赤手空拳夺取军警枪支，与敌人肉搏，惨遭枪杀。

2 月 7 日晚上，京汉铁路总工会江岸分会执行委员会委员长、共产党员林祥谦被敌人逮捕，绑到江岸车站煤气灯的杆子上。张厚生召集警察分所所长、车站站长、段长拷问林祥谦："上不上工?"

林答："不上!"

张命砍一刀，怒声喝道："到底下不下命令上工?"

林大呼："上工要总工会下令的，但今天既要这样，我们的头可断，工是不上的!"

张复命砍一刀，此时鲜血溅地，林遂晕，移时醒来，张狞笑道："现在怎样?"

林骂道："可怜一个好好的中国，就断送在你们这班混账王八蛋的军阀走狗手里!"

林祥谦视死如归，为中国工人阶级和中国人民的解放事业献出了宝贵的生命。

在罢工斗争中同时赴难的还有长期从事进步政治活动，被誉为"工人律师"的共产党员施洋。在汉口江岸二七惨案中，死难 32 人，受伤 200 多人，被捕数十人。与此同时，北京长辛店、郑州等地工人也惨遭敌人镇压杀害。

惨案发生后，中国共产党发表《中国共产党为吴佩孚惨杀京汉路工告工人阶级与国民》，号召工人阶级和全国人民团结起来，打倒压迫和残杀工人的军阀，为工人阶级和全国人民自由而战。

五 从红色首都到白色恐怖

自辛亥革命失败后，在中国共产党帮助下，孙中山改组了国民党，实行“联俄、联共、扶助农工”三大政策，实现了第一次国共合作。在此基础上，1926年国民革命军举行北伐。

1 北伐铁军攻克武昌

1926年5月20日，国民革命军以叶挺独立团为先锋，进入湖南，揭开北伐序幕。

7月9日国民革命军正式在广州誓师北伐，全军约10万人，分东西两路出击，西路军以唐生智为前敌总指挥，辖第四军、六军、七军、八军，共6万余人。北伐军7月12日攻占长沙后，沿武长铁路北击武汉，一路势如破竹，相继攻克岳州、汀泗桥（咸宁县）、贺胜桥（武昌县），于8月31日进抵武昌城下。直系军阀吴佩孚调集重兵防守武汉，并依仗武昌城墙与北伐军鏖战。

8月31日，北伐军乘吴军立足未稳，向守城敌军发动进攻，揭开了武昌攻城战的序幕。此战以北伐军受挫而退。其后的9月2日、3日、5日，北伐军又多次攻城，均未奏效。北伐军决定对武昌城进行围困，俟机再攻。

在进攻武昌同时，北伐军亦开始了对汉阳、汉口的进攻。9月6日，北伐军攻克汉阳，7日，攻占汉口。

吴佩孚在汉阳、汉口被攻占时北逃，他令其部将第八师师长刘玉春，连同湖北军务督办陈嘉谟，“死守武昌”，等待援军。武昌城中有第三师、八师、第十七混成旅及吴佩孚卫队近2万人，又有坚城可恃，北伐军一时未能攻下。

攻克汉阳、汉口后，北伐军又发起了武昌攻城战。当时第四军各师，第一军第二师，第七军一个师，第八军一个师都组织了奋勇队，扬旗爬城。但在敌人火力网封锁下，没有到城墙下便却步而返。在爬城中浴血奋战的是叶挺独立团。叶挺以第一营为奋勇队（攻城先锋队），第二营为拥进队（后续队），第三营和特别大队为预备队，进行了两次夜袭。9月8日晚上，第一营在营长曹渊带领下乘夜色朦胧突进到通湘门下，并树起4架长梯，登上城墙，和敌人在城垛上展开肉搏。因敌人凭城固守，火力倾泻，爬城勇士伤亡很大。

在这次爬城战中，曹渊（共产党员）亲率奋勇队第一组先登，但未成功。8日深夜登城未果，他又继续组织其余各组抢登。这时，夜色渐退，即将破晓，爬城更困难了。曹渊退到一个小山包上，向团长叶挺写一份紧急报告："天已露晓，进城无望，我营仅剩下10余人，但革命军人有进无退。如何处理，请指示！曹渊。"此时，敌人的枪弹如雨点般落在小山包上。曹渊在疾书"渊"字最后一笔时，头部中弹，手中的笔一震，拖了四五寸长，猝然倒下，壮烈牺牲。

由于强攻不易得手，同时欲抽调部分兵力赴江西作战，9月14日北伐军决定对武昌城实行封锁围困。同时还以飞机轰炸城内战略目标，并组织工兵对武昌城墙进行爆破。

国民革命军总政治部还对困守的敌人展开政治攻势，瓦解敌军，并印制传单，由飞机撒在武昌城内，号召人民起来支援革命军。

被围的武昌城，断绝了粮食和副食品的来源，米店被军队封闭，饮水也很困难，十几万居民生计陷入困境，饥困交迫的广大市民坚决要求城中守军放人出城谋食。经守军与北伐军谈判，北伐军出自对人民生命安危的关切，同意武昌人民出城。10月3日至6日，双方同意开放汉阳门，共放出妇孺38000多人。

10月10日凌晨2时，北伐军发动对武昌城的总攻。各路奋勇抢登，并相继从保安门、中和门、小便门攻入城内，再由保安门、望山门、文昌门、平湖门等处搜索前进。至早晨7时半许，北伐军占领武昌全城，生俘敌酋刘玉春、陈嘉谟。

这一围城41天的战役，以北伐军全胜而结束。总计俘敌万余人，其中军官740名，缴获大炮18门、步枪7183支、水机枪16挺以及堆积如山的土机枪、炮弹。北伐军在围城中，死伤亦达1000多人。

武汉国民政府

北伐军进入武汉后，揭开了武汉近代历史中最光辉的一页。全国革命形势由于武汉的攻克形成一个转折。武汉地区革命形势的发展，中国共产党在武汉工作的加强，使武汉成为全国革命的中心。随着长江中下游为北伐军所占领，形势要求国民政府从祖国南端的广州迁到内地中心地区的武汉，以指导国民革命。

1926年11月26日，国民党中央政治委员会正式决定迁都武汉，国民政府财政部、外交部、交通部，陆续迁到武汉办公。

自12月7日至10日，国民政府代主席谭延闿、国民党中央宣传部长顾孟余、中央委员何香凝、国民党中央代主席张静江、国民党中央委员吴玉章（共产党员）以及宋庆龄、徐谦、孙科、宋子文、鲍罗廷相继抵汉。11日，汉口各界30万人在济生三马路举行欢迎大会。12月13日，国民党中央执委、国民政府委员临时联席会议组成，以处理在中央党部与国民政府未全部迁汉时的工作。1927年元旦，国民政府正式在武汉办公，外交、财政、交通、司法四部开始行使职权。

在临时建都武汉问题上有着一场严重的斗争。原先蒋介石是力主迁都武汉的。但当武汉成为革命中心，工农运动蓬勃发展，而蒋介石的嫡系和实力集结在江西战场上时，他又迅速改变主意，硬要迁都南昌，以便把国民政府和国民党中央控制在自己手中。但他的阴谋终于被挫败。

1927年3月10～17日，国民党二届三中全会在汉口南洋大楼举行，会议讨论通过了《统一党的领导机关案》、《统一革命势力案》、《农民问题案》、《国民革命军总司令条例案》、《国民政府增设各部案》等几十个决议。

会上决定国民党中央实行常委制，取消了蒋介石原任的中央执行委员会常务委员会主席的最高党职。中央军事委员会采用主席团制，也就无形中取消了蒋的军事委员会主席的最高军职；规定国民革命军总司令为军事委员会委员之一，将总政治部从隶属于总司令部改属于军事委员会。凡军官任免和出征动员令，经军事委员会讨论，提交国民党中央通过，再交总司令执行。此举对蒋介石权力作了很大限制，是反对国民党右派斗争的胜利。

3月24日，国民政府委员在武昌举行就职典礼。一个在反对蒋介石独裁中产生的武汉国民政府宣告正式成立。这个国共合作的政府的成立是全国人民要求民主，反对独裁，扩大党权的政治成果。

国民政府迁都武汉后，将武昌、汉口、汉阳三镇合组为京兆区，定名武汉，作为临时首都。武汉三镇虽地理毗连，政治、经济、文化息息相通，但向来各有隶属，至此，在行政区划上正式统一为一市。

为了整顿市容，扩展市区，同时鉴于北伐军攻武昌城遇到武昌高大城墙的阻挡，国民政府下令拆除了除中和门以外的武昌城楼和城墙。

3 中国共产党和武汉工农运动

为适应革命形势的发展，中共中央首脑机关也逐步移往武汉。中国共产党力量的加强，是武汉成为全国革命中心的原因，也是武汉成为全国革命中心的表现。

1926 年 12 月，中共中央在汉口召开特别会议后不久，党中央决定从各地抽调干部来武汉并决定成立武汉中央分局，代行中央职权，负责与武汉国民政府联系并参与领导。分局成员有谭平山、毛泽东、张国焘、罗章龙、苏兆征、王荷波、史文彬、恽代英、陈潭秋等。中央分局下设有以毛泽东为书记的农委和以罗章龙为书记的工委。鲍罗廷也参加了分局工作。

1927 年 4 月，陈独秀到武汉，中共中央机关全部从上海迁至武汉。

1927 年初，党所领导的中华全国总工会从广州迁到武汉。在全总迁鄂前，全国邮务总工会、全国铁路总工会、全国印务总工会、全国矿务总工会成立了驻汉办事处或筹备处。

早在 1926 年秋即来到武汉的全国总工会委员长李立三、秘书长刘少奇（不久又兼任湖北全省总工会秘书长），抓住北伐军胜利进军的大好形势，积极建立和发展工会组织，推动湖北、武汉地区的工人运动迅猛向前发展。到 1927 年 6 月，湖北全省工人达 80 万左右，加入工会组织的有 50 多万。

在大革命的大好形势下，中国共产党和武汉国民政府领导武汉人民群众进行了夺回英租界的英勇斗争。

1927 年 1 月 1 ~3 日，武汉各界庆祝国民政府迁鄂和北伐胜利，各党部、各人民团体及中央军事政治学校组织了讲演队到各处重要地段讲演。3 日下午 3 时，当宣传员数人在江汉关前面中英交界的空场内讲演时，英租界当局调来大批武装水兵登陆，向听讲演的群众挑衅，并用刺刀将一名码头工会会员杀死，刺伤 10 余人。

事件发生后，武汉各界连日集会反对英国侵略者的暴行。1 月 5 日，在李立三的指挥下，汉口召开了有 30 万人参加的“追悼一三死难同胞大会”。大会通过八项议案，并通电全国。会后，示威群众冒着瓢泼大雨，举行游行，冲进英租界，赶跑了英租界的巡捕，进占了英租界。

在全国人民的英勇斗争和国际舆论的压力下，英帝国主义终于在 2 月 19 日、20 日，与武汉国民政府分别签字，交还中国汉口、九江两地租界。这是中国近代史上取得的第一次反帝斗争的胜利。

作为革命中心的武汉，也是全省、全国农民运动的中枢。1927 年 3 月 7 日，以国民党名义举办、由毛泽东实际负责的武昌红巷 13 号中央农民运动讲习所正式开学。来自全国 17 个省的 800 多名学员通过学习、锻炼，革命觉悟提高得很快，他们中许多人后来到农村组织革命暴动，长期从事农运工作。

4 宁汉对峙

正当革命运动高涨时，蒋介石加紧勾结大地主、大资产阶级，策划上海“四一二”反革命政变，终于彻底暴露了他反革命的真面目。蒋介石的反革命行径，理所当然地遭到了包括武汉人民在内的全国人民的一致反对和坚决斗争。

4 月 13 日，武汉国民党中央执行委员会致电蒋介石、白崇禧，追查对上海工人纠察队缴械的责任。这是对“四一二”反革命政变所作出的最早的反应。15 日，武汉国民党中央常委扩大会决定开除蒋介石党籍，免去其本兼各职，并于 17 日以武汉国民政府名义发表此项命令，还“着全体将士及革命民众团体拿解中央，按反革命罪条例惩治”。但是，蒋介石倚仗他的反革命实力，于 4 月 18 日在南京建立由他任主席的国民政府，并通过“清党”等反革命决议。中国政坛就出现了宁、汉两个国民政府的对峙局面。

22 日，武汉国民党中央执行委员、国民政府委员等联名发表《讨蒋通电》。

与此同时，中共中央在 4 月 20 日发表了《为蒋介石屠杀革命民众宣言》，谴责“蒋介石已变为国民革命公开的敌人和帝国主义的工具，是屠杀工农和革命群众的刽子手”。

全国学生总会、国民党湖北省党部、湖北省总工会、湖北省农民协会以及武汉店员工会、码头工会和中央军事政治学校武汉分校、中央农民运动讲习所等，也纷纷集会或通电讨蒋。

这时，投机革命的武汉国民政府主席汪精卫，在武汉以左派的面目出现，大叫“革命的向左边来”，显示出一种和蒋介石截然不同的姿态。

4 月 19 日，武汉国民政府进行第二次北伐。6 月，北伐军进占河南，14 日，汪精卫和冯玉祥在郑州举行会议，决定北伐军回师武汉，河南交冯玉祥军驻防，二次北伐中途夭折。

在武汉国民政府进行第二次北伐时，驻防宜昌的国民革命军独立第十四师师长夏斗寅附会蒋介石的策动，在四川军阀杨森的配合下，于 5 月 15 日发表反共通电，并向武汉进攻。17 日叛军到达距武昌只有 40 里的纸坊，杨森部也于 5 月 21 日进抵嘉鱼、新堤一带，直接威胁汉阳。而此时武汉国民政府的主力尚在河南前线，后方极为空虚。武汉城中人心浮动，反革命分子乘机造谣。在这严峻的局势中，叶挺率领的第二十四师、中央军校武汉分校的学生和武昌农讲所的学员编为作战部队，开赴前线，英勇作战，击退了进犯武汉之敌。

在蒋介石对武汉发动“政治攻势”和策动武汉国民政府军内部叛乱的同时，帝国主义也积极相助，对武汉进行经济封锁、破坏，施加经济压力。英国、日本在武汉的企业大都关闭，一些原属官办的企业相继停产，大批工人无工可上，全市失业工人达 20 万人之多。而武汉地区由于党政机关团体和军队增加，财政支出猛增。又由于蒋介石先后盘踞东南，使湘、赣、苏、皖的物资无法运到武汉，广东及东南各省也拒绝向武汉政府上缴税收。因而导致武汉物价成倍上涨，动摇了武汉政府的经济基础，加剧了武汉革命形势的逆转。

5 血雨腥风的“七一五”

四一二反革命政变虽给胜利发展的北伐形势带来了巨大的挫折，但武汉政府政治军事威力所及的湘、鄂、赣地区，工农运动仍呈持续高涨之势。

在工运方面，1927 年春、夏，武汉的工运更为深广地向前发展。当时，除武汉外，湖北各县也纷纷成立工会，全省有总工会 77 个，拥有会员 50 余万。工人补习班也迅速发展，总计 53 所。武汉还成立了 5 个工人俱乐部。在省总工会的领导下，成立了 5000 多人的工人纠察队，有枪 3000 多支。这是工人阶级自己的武装。

湖北地区农运顶着反革命逆流，继续发展。到 1927 年 4 月，全省农协会员已达 250 多万人。农民组织起来后，打击土豪劣绅，镇压反革命分子，建立和发展农民自卫军，有些县、区还成立乡政委员会，并开始了夺回土地的斗争。

在中国革命十分危急的关头，中国共产党中央的领导权却被陈独秀右倾机会主义者所把持。6 月 30 日，在陈独秀的主持下，党中央在武昌召开扩大会，通过了《国共两党关系决议案》十一条。陈独秀右倾机会主义至此发展到了顶点。"决议"承认国民党对于"国民革命之领导地位"、国民政府不是国共两党联合政府，群众团体受国民党领导，提出为了减少"政局之纠纷"，共产党员可以请假离职，所有工农武装服从国民党领导和管理，武汉纠察队可以减少或编入军队。

这个极端错误的决议案，导致革命航船驶入断潢绝港，许多同志挽救革命的努力均被断送了。

与此同时，汪精卫真右派的本质也很快暴露出来。

7 月 9 日，汪精卫主持召开武汉国民党中央执行委员会扩大会，议决限制共产党在国民党内的活动，取缔共产党在国民革命军中宣传共产主义。

7 月 14 日，汪精卫召开国民党政治委员会主席团秘密会议，布置分共计划，决议"对于违反主义政策之言论行动的共产党员予以制裁"。这些反革命措施，遭到了国民党内少数真正的左派宋庆龄、何香凝、邓演达的反对。当日，宋庆龄发表了脱离国民政府的声明，坚持孙中山三大政策，谴责国民党"不再是革命的党，而不过是这个或那个军阀的工具而已"。

7 月 15 日，汪精卫不顾以宋庆龄为代表的国民党左派的坚决反对，悍然召集武汉国民党中央常务委员会扩大会议，即"分共"会议。会议通过了《统一本党政策案》，规定："（一）凡名列本党之共产党党员，在本党各级党部、各级政府及国民革命军中有职务者，应自即日起声明脱离共产党，否则一律停止职务；（二）在国民革命时期内，共产党员不得有妨碍国民革命之活动，并不得以本党名义，作共产党之工作；（三）本党党员未经本党中央许可，不得加入他党，违反者以叛党论。”

汪精卫集团提出“宁可枉杀千人，不可使一人漏网”的血腥口号，大肆屠杀共产党人和工农群众。中华全国总工会、湖北省总工会等革命团体均被封闭。在国民党汉口市党部，就有共产党员、革命群众100多人被杀害。数日内，武汉被杀者达数千人。湖北各地也是一片白色恐怖。

顿时间，武汉变成了人间地狱，轰轰烈烈的大革命至此完全失败。

6 桂系军阀在武汉的统治

1927年8月中下旬，蒋介石、李宗仁正率军与孙传芳在津浦沿线激战。南京政府中的胡汉民则与桂系军阀李宗仁、白崇禧密谋联合武汉的汪精卫，欲孤立蒋介石，实现宁汉合作。汪精卫等则在武汉树帜“东征讨蒋”。善于窥伺动态的蒋介石，看到形势对自己不利，于8月12日通电下野。

蒋介石下野，使宁汉合流加快了步伐。8月25日，武汉政府宣布迁都南京。不久，汪精卫、顾孟余、陈公博等由汉赴宁，以国民党和国民政府“正统”自居。在上海的一些国民党反共“先进”，否认汪精卫在国民党中的正统地位。9月13日，汪自认“对于共产党防制过迟”，自劾下野。

受南京国民党中央特别委员会排斥的汪精卫、陈公博重返武汉，拥唐生智成立国民党武汉政治分会，挟湘、鄂、皖三省与南京对峙，由宁汉合流又转化为新的宁汉对立。这是反革命内部派系的对立。

武汉的政治分会和南京的特委会互相攻击，互不承认。南京国民政府军事委员会临时会议决议，免去唐生智本兼各职，并组织西征，讨伐唐生智。10 月 21 日，武汉政治分会宣布与南京国民党政府断绝关系。

宁汉双方剑拔弩张，全力动员进行厮杀。南京方面组成三路大军，由李宗仁、白崇禧、程潜、朱培德等指挥，讨伐唐生智。

武汉方面，唐生智指挥李品仙、何健、刘兴、叶琪、高桂滋、赵振声、庞炳勋等 7 个军以及 10 个暂编师，进取南京。

交战中，唐生智部在皖、鄂连连失败。11 月 15 日，桂系胡宗铎第十九军占领汉口、汉阳，夏威第七军占领武昌。

不久，李宗仁、程潜、白崇禧到达武汉，成立了以程潜为主席的湘鄂临时政务委员会，并以胡宗铎为武汉卫戍司令。后程潜与桂系发生矛盾，遭到软禁，武汉完全落入桂系胡宗铎、陶钧掌握之中。

胡宗铎，湖北黄梅人，陶钧，湖北浠水人，辛亥革命时参加学生军，后入保定军官学校第四期。当李宗仁、黄绍竑、白崇禧在广西创建新桂系时，胡宗铎、陶钧等鄂籍保定学生 20 多人，先后到广西投入新桂系，并参加了北伐战争。1927 年，胡在南京升为第十九军军长，陶升为该军副军长兼师长。该军为桂系中鄂籍军人集团的始基。1928 年 4 月，李宗仁任武汉政治分会主席和第四集团军总司令，委任胡为湖北清乡督办、武汉卫戍司令，陶为湖北清乡会办。

胡、陶在武汉扩张实力，野心大炽。他们将原属唐生智部的程汝怀、王贵如两个湖北省防师，加以收编扩大为第十八军，提升陶钧为军长，从而形成了桂系中以胡、陶分任军长的第十八、十九军、约 3 万多人的湖北军事集团。此后，胡、陶又大肆收纳土匪，兼并杂牌军，又以保定军官学校同学关系，拉拢独立第五师刘和鼎部，还在武昌创办第十八、十九军随营军官学校，补充了武汉警备旅、警备团，收编陕、鄂之交的杂牌部队李才部为一个师。这样，胡陶军事集团号称 5 万，盘踞在湖北全省。

胡、陶拼命鼓吹“鄂人治鄂”，在湖北政府人选上，胡、陶推行封建地方主义，从湖北省主席、厅长到委员，绝大部分为鄂人。武汉市政委员会委员长为鄂人潘宜之，武汉市各局局长、国民党湖北省党部、汉口特别市党务整理委员亦绝大部分为鄂人。胡、陶本人分兼省、市党部委员。凡重要会议两人必出席，以便把持。

从 1927 年 11 月到 1929 年 4 月，胡、陶统治湖北约一年半的时间内，是武汉历史上最黑暗、最恐怖的岁月。长江两岸到处是杀人的枪声，武汉沉浸在血泊之中。

胡、陶以法西斯手段七次破坏共产党组织，两次掀起白色恐怖高潮，总计所杀达万人。被杀者有 10 多岁未涉世的少年，也有 80 多岁的白发老人。胡、陶也承认杀了“一代人”。

1927 年与 1928 年之交，中共湖北省委秘密组织年关暴动，但事机败露，胡、陶兽性大发，大肆搜捕革命者，并威胁利诱被捕者自首，供出同案人。在白色恐怖下，一大批革命者遭到残杀。大约在 1927 年底，李子芬（中共中央委员）等 9 名同志首先被杀害。1928 年 1 月 20 日，黄五一（省委常委）和侯步升、冯良骥、李协臣、林子良、段良材、马瑞亭等 30 多位工运、农运负责人被杀。

2 月 8 日，因叛徒出卖，省委委员夏明翰在汉口被捕，3 月 30 日，在汉口市区的余记里空场上（今黄石路中学所在地）夏明翰惨遭杀害。就义前他给人们留下了一首气贯长虹、千秋传颂的壮丽诗章：“砍头不要紧，只要主义真。杀了夏明翰，还有后来人。”

国共合作时期的湖北省政府教育科长李汉俊、财政科长詹大悲避居日本租界，仍未能幸免于难，于 1927 年 12 月 17 日被害于汉口济生三马路。

胡、陶的残暴杀戮并没有吓倒革命者，1928 年 3、4 月间，党中央派任弼时到湖北任省委书记。向警予、夏之栩、葛琴（电影作家）等也在汉口从事地下工作。党的地下组织在武昌几个纱厂和硚口一些工厂中仍在开展活动，在学生、农民、妇女乃至敌军内部都建立了据点。敌人则利用叛徒，大肆搜捕共产党人和革命者。1928 年 3 月 20 日，因叛徒宋若林出卖，当时担任党地下机关刊物《长江》主编的向警予在汉口法租界被捕。向警予同志是中国共产党杰出的妇女运动领导人之一，担任过中央委员、中央妇女部部长，大革命时期曾在武汉总工会、中共湖北省委工作过。在监狱中，向警予教育和组织难友反对敌人虐待，开展绝食斗争。敌人在向警予口中得不到任何党的机密，于1928 年 5 月 1 日将她枪杀在汉口余记里空场上。

大约在 1928 年 7～8 月间，敌人掀起第二次白色恐怖高潮，党的组织又一次遭到严重破坏。省委负责人之一沈一平被捕后告密，使许多革命同志遭杀害。一时，以所谓“验明正身，绑赴刑场”方式杀害的共产党人和革命志士达 800 余人之多。

7 国民党在武汉的“剿共”政治

蒋桂战争后，蒋介石击败桂系，夺取两湖，于1929 年 4 月任命何成浚为湖北省主席。何是蒋介石从嫡系中打出的一张治鄂大牌。

何成浚（1882～1961），湖北随县人。清末考取末班秀才，后赴日本入士官学校，参加同盟会。民国初年在上海结识蒋介石，一起出入交易所。后又与蒋走闽南，在许崇智的讨袁军中共事。北伐前夕，蒋任黄埔军校校长，何任副官长。以后何任过粤军许崇智部前敌总指挥、孙中山大元帅府武官长、国民党第一届中央执行委员。蒋介石在第二次“北伐”时，派何赴沈阳游说张学良，策划了“东北易帜”。唐生智反蒋，何策反李品仙，拆了唐的台。桂系反蒋，何又赴北平、天津，串通两湖将领倒戈。这些活动充分发挥了何成浚游客军人的政治权术，为蒋家王朝的形成立下了大功。因此，当蒋介石打垮桂系后，何就得以成为蒋家王朝中的“湖北王”。当时正值蒋、冯、阎大战，蒋又派何成浚为第三集团军总指挥，赴开封指挥战事。

蒋、冯、阎大战结束后，在混战中捞足了油水的何成浚发现，“家园”已经起火，湖北广大农村红旗招展，“打土豪、分田地”的烈火烧到何成浚脚下。蒋介石此时全力“进剿”江西的中央红军，何成浚则在湖北进攻红军。同时，他又指挥军警宪特，在武汉抓捕共产党人，进行残酷屠杀。1930 年，湖北省委负责人何恐等 16 人在汉口和记蛋厂附近的马路上被杀害。

1932 年，以蒋介石为代表的国民党政府出卖了上海抗战，提出“攘外必先安内”的反革命方针，拒绝全国人民停止内战的要求，集中兵力发动对革命根据地的“围剿”。“围剿”的重点放在鄂豫皖根据地。

1932 年 5 月 28 日，蒋介石在武汉成立鄂豫皖三省“剿匪”总部，调集 81 个师，29 个旅又 39 个团，共 69 万兵力。蒋自任“剿匪”军总司令兼鄂豫皖三省“剿匪”总司令，以李济深为副总司令，下编左、中、右三路军。6 月 12 日，蒋在庐山召开鄂豫皖湘赣五省军政长官会议，对“围剿”红军根据地作出部署。30 日，蒋又委任三路司令长官，蒋自任中路司令，刘峙为副司令，共指挥 6 个纵队、一个总预备队，设司令部于广水；右路军司令由李济深兼任，第三军军长王均为副司令，指挥三个纵队、一个总预备队，设司令部于安徽六安；左路军总司令为何成浚，副司令为徐源泉，所辖除何、徐原有部队外，还有王陵基的川军和万耀煌的第十三师，设司令部于沙市。

在军事进剿同时，蒋的智囊杨永泰又献“三分军事，七分政治”之策。蒋大力实行，加强反革命政治工作，在各省推行“剿匪大纲”。湖北省各县则加强团防，编成保安总队、保安大队和保安中队，同时建立保甲制度，户设户长，10户为甲，10甲为保，并施行连坐法；又发动“清乡”，对攻陷之红色区挨家逐户清查户口。7月6日，蒋介石在武汉召集湖北各县县长会议，颁发“剿匪”赏罚令，限8月底“肃清共匪”。7月14日，蒋又发布《告匪区民众书》，对根据地进行政治瓦解，宣称凡属“胁从”，一律优待，并“劝匪来归”。

从1932年6月至10月，蒋军各路向鄂豫皖，洪湖和湘鄂西，湘、鄂、赣等根据地发动了第四次大规模“围剿”。

正在这个时期，日本帝国主义制造九一八事变，全中国燃起了炽热的抗日烈火。遭受1931年水淹汉口大劫难的武汉人民，在大水过后就掀起抗日的巨澜，学生游行、工人罢工、商人抵制日货。当1935年北京爆发一二九运动时，武汉也形成声势浩大的学运浪潮。

经历了西安事变，特别是七七事变后，国共实现合作，共同抗日。武汉在1938年再度成为全国的政治、军事、文化中心。

六 武汉会战和武汉沦陷

正如郭沫若在《洪波曲》中所说："武汉三镇，自北伐以来，在刀光血影之下，已经窒息了整整十年。"在抗战初期，"沉睡了十年的武汉似乎又在渐渐地恢复到它在北伐时代的气息了"。从 1937 年底到 1938 年秋，武汉成为全国抗战的中心。

1 国共再度携手，共同抗日

"七七事变"后日军占领华北，接着又占领上海，并于 1937 年 12 月 13 日攻陷南京，制造了绝灭人性的南京大屠杀。早在 11 月 20 日，国民党政府就宣布迁都重庆，政府机关先迁到武汉，这时武汉便成为国民政府的临时陪都。八一三淞沪抗战爆发后，全国掀起抗战热潮，国民政府抗日态度也趋向积极。蒋介石来到武汉，在武汉大学（时该校已迁往四川乐山）举办了军官训练团。但这时，汪精卫已谋求与日本妥协，蒋介石也企图通过德国的斡旋而乞和，但没有成功。在节节进逼的日寇面前，蒋介石被迫把抗战进行下去。

1938年1月，蒋介石逮捕了见敌就退、不予抵抗日军的第五战区副司令长官兼第三集团军总司令韩复榘，并将其在汉口处决。与此同时，国民党政府和军事委员会在武汉公布了43个抗战不力将领的判决名单，其中判死刑8人，其他处分35人。

蒋介石的这些措施，既是国民党正面战场溃败的反映，体现了国民政府初期的抗战姿态，也暴露了蒋介石集团内部的矛盾。蒋介石借机既达到消除异己的用心，也达到了整饬军纪、加强抗战决心的目的。

为应付抗战局面，1938年3月29日至4月1日，国民党在武昌举行临时全国代表大会。大会制定了《抗战建国纲领》，并发表了《中国国民党临时全国代表大会宣言》。《纲领》确定了抗战与建国同时并举的方针，并提出外交方面要“制止日本侵略，树立并保障东亚之永久和平”；军事方面要“加紧军队之政治训练”和“训练全国壮丁，充实民众武力，补充抗战部队”；政治方面要“组织国民参政机关”，“加强完成地方自治条件”；经济方面则应“奖励海外人民投资，扩大战时生产”和“以全力发展农村经济，奖励合作”等；在民众运动方面要“发动全国民众”，“有钱者出钱，有力者出力”以及保障言论出版自由等等。

这一纲领是国民党抗战初期的全面政治纲领，标志着国民党在七七事变后政治上的进步和政策上的转变，对当时抗战形势表现了适应性，有它的积极作用。但这种进步也是有限度的，“纲领”中没有提出坚决将日本帝国主义驱逐出中国的主张，也没有提出召开国民大会、制定宪法、组织有抗日党派参加的政府、释放政治犯等。至于允许集会结社等许诺，也仅是一纸空文。

在国民党临时代表大会之后，1938 年 4 月，国民党政府决定设立国民参政会。7 月 5 日，毛泽东、董必武、秦邦宪、吴玉章、林伯渠、邓颖超、陈绍禹等 7 名共产党参政员发表了《我们对国民参政会的意见》，提出动员各方面力量保卫大武汉，改革征兵制度，改善人民生活，普遍发动群众，保障人民权利。7 月 6 日，国民参政会首次会议在武汉举行。会议共 10 天，出席的有各党派、各团体代表 136 人，还有政府各部院官员、来宾、中外记者一千多人列席会议。

在国共第二次合作、共同抗日的政治形势下，1937 年 10 月，中共在汉口安仁里 2 号成立了八路军驻武汉办事处。12 月，南京梅园新村的八路军办事处工作人员分批撤入武汉，并入武汉“八办”。1938 年元旦，“八办”迁入旧日租界中街 89 号原大石洋行办公（现长春街 67 号）。

1937 年 12 月，中共中央政治局决定成立长江中央局。当月中旬，中央代表陈绍禹（王明）、周恩来、秦邦宪等抵汉，在“八办”内设立长江局机关，对外一律以“八办”名义进行工作。长江局由陈绍禹任书记，周恩来任副书记兼统战、军事部长，委员有董必武（群工部长）、凯丰（宣传部长）、李克农（秘书长）、叶剑英、项英（兼东南分局书记）。长江局的任务是指导南方和大后方各省党的工作，还代表中共中央向国民党及其他党派进行统战工作。同月，新四军总部在汉口成立，叶挺任军长，项英任政委。为了扩大抗日武装和根据地，红二十八军改编为工农抗日联军挺进司令部，改编时掀起了扩军高潮，吸收了2000多人入伍。长江两岸游击队组成新四军第四支队。

在“八办”附近的太和街，设有新四军驻汉办事处和招待所。1938年元月下旬，在南昌成立新四军军部，该办事处工作由“八办”代为处理。

“八办”是中共在国统区领导抗日斗争的领导机构，在这里实施党的抗日民族统一战线和全面抗战的路线。周恩来、董必武、叶剑英等广泛地在军界、政界、文化界和工人、学生中做了大量工作。“八办”的公开工作是每月向国民党政府领取八路军军饷、军械、被服等，经火车运往西安“八办”，再转运山西八路军总部和延安，同时收转国际友好人士、华侨捐献给八路军和解放区的款项，接待各党各派各团体人士及其进步青年以及国际友人、爱国华侨，帮助他们到延安、山西、竹沟、七里坪、汤池、皖南等地参加八路军、新四军工作。在“八办”的接待室，周恩来等会见过许多来访的青年学生和工农群众，许多革命青年就是在这里转介到延安抗大、陕北公学和革命根据地的。仅1938年5至8月，通过“八办”输送到延安的青年即达800多人。

为了宣传党的政治主张，党在汉口创办了《新华日报》（1938年1月11日~1938年11月25日）和《群众》周刊。周恩来、董必武和湖北省委还举办了河南鸡公山干部训练班、湖北应城汤池合作事业训练班。陶铸（时任湖北省委常委、宣传部长）负责过汤池训练班的工作，先后培训了400多人，为革命根据地和新四军第五师培养了一大批骨干。

当时，苏联和世界各国爱好和平的人民纷纷以各种形式支援中国抗战。加拿大著名医生、国际主义者白求恩从国外到达武汉，于1938年春到延安。印度孟买学院附属医院大夫柯棣华于1938年9月30日率医疗队到达武汉，后又冲破国民党阻拦，到达延安。斯诺（美国）、斯特朗（美国）、史沫特莱（美国）、路易·艾黎（新西兰）、伊文斯（荷兰）等，都在中共代表和“八办”的接待、介绍下，或从敌后到武汉，或从武汉进入延安和敌后根据地，参加中国人民的抗日斗争。斯诺在1938年春、夏与路易·艾黎在武汉成立工业合作促进会，建立战时合作社，组织难民自救，支持游击战争，并在菲律宾及南洋华侨中募集到100余万元捐款。史沫特莱在武汉组织“国际慰问团”，带着两卡车药物到山西慰问八路军。

2 武汉战时经济的短暂繁荣及萎缩

从卢沟桥事变发生至武汉沦陷前夕，是武汉经济短暂繁荣、迅速萎缩期。

1936年底，武汉共有民营工厂516家，其中汉口408家，资本总额3982.7548万元，年产值15756.66万元；武昌58家，资本总额588.66万元，年产值

2342.9273元；汉阳50家，资本总额153.32万元，年产值754.074元。另有公营工厂20家。这些工厂包括水电（有10个公用事业单位，总发电量27400千瓦）、冶炼、化工、轻工、纺织（仅6个大型纱厂即拥有纱锭27万多枚）、机器（约有80个单位）、电器、木材、食品、军火、交通等门类，形成了较完整的近代经济体系和布局。此外，有小型手工业1200家以上，从业人员近5万人。商业方面，1931年仅汉口商户总数即达2.6万家，店员约14万人，并呈继续扩展之势。至1936年，汉口每年集散两湖和江西米粮400余万石，两湖和河南小麦200多万石，湖北棉花200多万担，进出口货物吞吐量2000多万吨，进出口中外船只上万艘，货运吨位约1000万吨，内外贸易总额29500万元，仅次于上海、天津。金融方面，有现代银行28家，老式钱庄、票号74家。

随着经济发展，武汉城市建设规模日益扩大。至抗战前夕，武汉居民达24万多户，人口123万多人（包括农业人口45万，工业人口13.4万，商业人口16.4万，交通运输业人口7.1万），其中汉口80余万人，武昌31万人，汉阳12.5万人。

但是好景不长，随着战火的蔓延，武汉不断遭受敌机轰炸，人员和财产损失巨大。而且从日军进攻的势头来判断，武汉的失陷也只是一个时间问题。国民党军队不可能长久驻守武汉。

为了实施保卫大武汉和加强武汉失守后的大后方经济，国民政府决定将武汉的工厂、学校内迁。

国民政府经济部长翁文灏在1938年3月数次召集武汉民营企业负责人会议，确定了拆迁工厂的选择标准为三类十四条：

纺织类，国民政府经营的纱厂全部拆运；纱厂布机一律随厂拆迁；设法协助小型织布业内迁；根据内地需求情况决定拆迁的染厂和分配建厂地点。

机器五金类，资财在5000元以上、规模较大者单独拆迁；设备简陋但能生产兵器或某种器材附件者合组迁往一处；原动设备一律拆迁；不拆迁工厂的技术工人内迁；生铁废料尽量运往后方。

其他类，资财在5000元以上者拆迁；设备较新者拆迁；后方需要者拆迁；设备工具与其他类工业有关联者拆迁；后方所缺乏的项目的技术工人内迁。

随后，工矿调整处将上海内迁的技术工人2500多名和在武汉招聘的青年技术人员700多人分成若干工作队，派赴各企业开展拆迁工作，并发放贷款协助内迁企业解决人员的旅费、安家费。所拆卸的物资一部分通过陆路运往陕西、湖南、广西，大部分通过长江运往四川。

在整个民营企业拆迁过程中，工矿调整处共支出1300多万元，协助运出物资5.1万多吨，撤退技术人员1万余人。武汉地区著名的民营工厂如既济水电公司、申新纱厂、裕华纱厂、震寰纱厂、周恒顺机器厂等均迁往后方。

此外，工矿调整处还参与官营工厂拆迁工作，如财政部谌家矶造纸厂，民国初年开工时为国内设备最新、规模最大的造纸厂，产品质量超过日本纸厂。工矿调整处于9月份调集力量，奋战1个月，拆卸设备300余吨，运至四川成都，建立川西最大的造纸企业——建国纸厂。

湖北省建设厅自1938年8月起，将湖北官布局、湖北官纱局、湖北麻布局、湖北纱布局、白沙洲造纸厂、航务处修船厂、大冶象鼻山矿等处机件材料6000余吨分别运往陕西、四川、鄂西。汉口市政府所属的冰厂、水电厂、榨油厂等也先行拆运宜昌。武昌市政处下属的武昌电厂在拆运一小部分机器、仪表后，余者于武汉撤退前一天（10月24日）全部炸毁。

几个月间，从武汉迁出物资、设备10.8万余吨，武汉本地内迁的工厂达250家。具体分布是：机械类110个，其中四川46个、湖南53个、陕西3个、广西3个、贵州等地5个；轻工类36个，其中四川26个、湖南2个、陕西1个、广西3个、贵州等地4个；化工类17个，其中四川9个、湖南8个；纺织类83个，其中四川13个、湖南52个、陕西17个、广西1个；水电类4个全部迁往四川。同时撤出技术人员1万多人，城市人口疏散近3/4。

从全民族抗战角度看，在武汉沦陷前夕的非常时期，为免于工业资敌，将武汉的工厂内迁是完全正确的战略措施。但从纯地域经济角度看，内迁工厂约占武汉原有企业的57%，加上敌机轰炸损失的12%和来不及拆迁而被主动破坏的部分，七八十年来历尽艰辛而逐渐成长起来的武汉民族工业力量数月之内便损失达70%以上，且尽囊武汉工业精华，武汉经济近代化进程立即断档，元气大伤。武汉沦陷前夕，仍有部分工厂来不及撤出。为了不让其资敌，蒋介石电令驻汉部队在撤退前将凡有可能被敌军利用之虞的设施尽行破坏。

3 规模空前的武汉会战

1938年5月徐州失守后，抗日正面战场转移到武汉外围地区。日寇为了打击中国人民的抗战精神，削弱中国经济和军事力量，遂把攻占武汉作为下一个战略目标。

早在4月上旬，日本大本营就着手研究武汉作战问题，计划华北日军沿平汉线南下，京沪地区日军沿长江西进，夹攻武汉。6月5日，日军攻占开封后，准备再占郑州，沟通平汉、津浦、陇海三线联系，为南攻武汉作准备。国民党政府为阻滞日军前进，炸开郑州以北花园口黄河大堤，使豫皖3000多平方公里土地成为泽国。于是，日本大本营修改武汉作战计划，决定以主力沿长江西进，进占武汉。6月13日，日本御前会议确定武汉作战方案。同日，日军攻占安庆。18日，日本大本营下令进行武汉作战准备。

日军的具体部署是：整个武汉作战由华中派遣军总司令畑俊六大将指挥，下辖第二、第十一两个军。第二军司令官东久迩宫稔彦王中将，辖第三、第十、第十三、第十六师团，另附一个骑兵旅团，沿大别山北麓推进，从北面包围武汉，进行配合作战；第十一军司令官冈村宁次中将，辖第六、第九、第二十七、第一〇一、第一〇六师团，另有波田支队和海军陆战队一部，沿长江两岸向武汉推进，从东、南面包围武汉，进行主攻作战；另有海军第二舰队、航空兵团进行支援作战。

鉴于日寇进攻在即，国民政府军事委员会于6月中旬制订了武汉保卫战计划，决定将防御重点放在武汉外围，即以重兵布防于鄱阳湖至大别山一线，另以部分兵力在华北、华东发动游击战以牵制和消耗敌人，预计作战时间为4至6个月，通过有限度地阻滞、消耗日军，为巩固以重庆为中心的大后方争取时间。6月14日，国民政府编组第九战区，以陈诚为司令长官兼武汉卫戍司令。当时，中国方面的军事部署是：第一战区防守黄河；第五战区防守商城至安庆一线；第三战区负责长江江防。

在紧锣密鼓的准备之中，抗战时期正面战场上最大的，以武汉为中心，以河南、安徽、湖南、江西为广阔外围的“武汉会战”一触即发。6月26日，日军攻占马当要塞。7月5日，日军攻占湖口。7月13日，国民政府军事委员会针对日军作战计划，决定将防御重点放在长江以南地区，以南昌、九江至大别山为第一防御地带，进行逐次抵抗；以萍乡、瑞昌至广济、麻城为第二防御地带，进行决战；由李宗仁的第五战区担任长江以北大别山东麓的防御，由陈诚的第九战区担任长江以南南昌、德安、九江一线防御，武汉卫成部队负责武汉核心阵地的防御。参加会战的中国军队有 5 个集团军、30 个师、100 余架飞机、40 多艘舰艇（后陆续增至 14 个集团军、129 个师，共 110 多万人），苏联援华志愿飞行大队也参加了会战。

日本大本营也于 7 月初对参加会战的日军重新调整部署：第二军 4 个师团以合肥为集中地，向大别山北麓前进；第十一军 5 个半师团以九江为集中地，沿长江两岸前进；另以 4 个师团占领、坚守湖口下游；航空兵团负责空袭。

7 月 14 日，日本华中派遣军令第二军向合肥集结。8 月 20 日，日军第二军下达作战命令，决定分兵两路，北路第十师团以第三师团为后援沿淮河南岸直取信阳，南路第十三师团以第十六师团为预备队沿大别山北麓西进直插武汉。8 月 27 日，北路第十师团突破守军第五十一军防线，占领安徽六安，再向河南开始推进。8 月 29 日，南路第十三师团突破守军第七十七军阵地，攻陷安徽霍山，再向河南商城推进，于 9 月 2 日攻占叶家集，当晚在进攻富金山时，遭到宋希濂第七十一军顽强阻击，被歼 1000 余人。

9 月 6 日，北路第十师团攻陷固始。9 月 7 日进攻潢川，遭到第七十一军和张自忠第五十九军顽强抵抗，血战 10 余日，使张自忠信誉大增，中国军事当局传令嘉奖并委张为第三十三集团军总司令。9 月 28 日，第十师团从光州出发向信阳推进，在信阳以东的罗田、罗山遭到中国胡宗南第十七军团等部队顽强抵抗，伤亡惨重。第三师团忙从光州出发策应，切断平汉线并包围信阳。10 月 12 日，日军在付出 2000 余人代价后攻占信阳。10 月 16 日，第十师团从信阳南下，沿平汉线西侧进击武汉，突破平靖关、武胜关，又在桐柏山一带遇到中国军队阻击，直至武汉沦陷后，第十、第三师团才打出柏桐山向孝感推进。向鄂东北推进的第十三、第十六师团在险峻的大别山遭到中国廖磊第二十一集团军巧妙顽强的阻击，激战一月有余，死伤 4400 余人，于 10 月 25 日突破大别山占领麻城。在中国第五战区军队顽强阻击下，日军第二军未能直接参加攻占武汉的作战，从而延长了武汉会战的时间。

长江沿岸的战斗比大别山一线更为激烈。8 月上旬，日军第十一军在九江集结兵力，长江北岸由第六师团负责，长江南岸由第九、第二十七、第一〇一、第一〇二师团负责。

8 月 30 日，北岸第六师团进攻广济，与守军第六十八、第八十四军和第二十九集团军激战一周，于 9 月 6 日攻占县城梅川。中国军队组织反攻，未能奏效。第六师团遂向县城西南的田家镇要塞推进，在松山口遭到中国第四十八、第二十六、第八十六军等部队夹击，死伤沉重。9 月 26 日，日军向田家镇发动猛击，遭到守军拼死抵抗。28 日，日军出动 70 余架飞机、集中 100 余门大炮猛烈轰炸田家镇，摧毁了田家镇防御工事。29 日，中国军队被迫退却，田家镇失陷，鄂东再无险可守。

在南岸，日军波田支队于 8 月 21 日进攻马头镇要塞，遭到中国守军第三十一集团军阻击。9 月 14 日，日军在海军配合下迫使守军弃守马头镇退据富池口。接着，波田支队与中国军队在富池口血战，最后通过施放毒气，攻陷富池口。此后日军继续向西推进，沿途相继打退守军第二兵团的第五十三、第七十五、第六、第九十八军的阻击。9 月 23 日，日军波田支队进至阳新附近，遭到中国军队顽强阻击。10 月 2 日，日军第九师团到达排市，亦遭守军顽强抵抗。10 月 18 日，波田支队占领阳新，20 日占领大冶，25 日攻陷葛店。10 月 17 日，第九师团攻占三溪口，23 日进至金牛，27 日攻占贺胜桥，切断粤汉线。10 月 18 日，第二十七师团攻占辛潭铺，尔后向粤汉线推进，于 27 日占领贺胜桥以南的桃林镇。长江北岸的日军在得到补充后，长驱直入，10 月 18 日攻占蕲春，21 日占领浠水，23 日攻陷新洲，24 日攻占黄陂。这样，日军从东、南、北三面包围了武汉。

当日军沿长江向武汉进逼的时候，中日军队在庐山南北也打得难解难分。8 月 4 日，日军第一〇六师团进攻庐山北麓，受到占领有利地形的守军第六十四军顽强抵抗，敌军中队长以下指挥官死伤达半，大队长与联队长死伤 8 人，几乎丧失进攻能力。8 月 21 日，日军第一〇一师团在庐山南麓发起进攻，守军第六十六、第二十五、第二十九军在星子县一带与日军展开激烈拉锯战。日军增派第二十七师团投入战斗。9 月下旬，第二十七师团从瑞昌向德安推进，沿途遭到阻击，进展缓慢。为重创日军，中国第九战区令薛岳兵团 3 个军在德安以西阻击日军。10 月 10 日，中国军队在万宝岭给日军以沉重的打击，使日军攻势受挫。但得到炮火补充的第一〇六师团、第一〇一师团不惜伤亡，突破守军防线，向德安步步紧逼。10月9日，死伤惨重的第一〇一师团（师团长亦负重伤）攻占德安东北的隘口。10月17日，第一〇六师团在战车大队和增援部队的帮助下攻陷德安以西的甘木关。守军处在日军三面夹击之下，顽强抗击，给敌军沉重打击，最后于10月27日弃守德安。庐山、德安地区的战斗，直至武汉沦陷后才告一段落。

10月24日，日军第十一军下令进攻武汉。由于日军对武汉已形成包围之势，加上从大亚湾登陆的日军已于10月21日攻占了广州，死守武汉已无战略意义，于是中国军队决定于10月25日撤出武汉。第五战区部队向平汉路以西的随县、沙洋一带转移，第九战区部队退守岳阳、通城、修水一线。同日，日军第六师团从黄陂向汉口推进，当晚都城联队由汉口东北角侵入市区，至27日全部占领汉口。26日晨，日军波田支队于大堤口、武胜门各码头登陆，占领武昌。27日，武昌、汉口日军渡江占领汉阳。

至此，历时4个多月的武汉会战宣告结束。10月31日，蒋介石发布《武汉撤守告全国军民书》，称“抗战军事胜负之关键不在于武汉一地之得失，而在保持我继续抗战持久之力量”。

武汉会战是抗战爆发之后中日双方出动兵力最多、战争规模最大的一次战役。日军虽然达到了攻占武汉的战略目的，但付出了死伤近4万人的代价。中国军队虽然被迫弃守武汉，但大大消耗了日军有生力量，迫使日本从战略进攻转为战略相持，为战略大后方的巩固争取了宝贵的时间。

日军在准备和实施武汉会战计划的过程中，凭借空中优势，对湖北各城镇、特别是武汉进行了野蛮轰炸。当时，力量弱小的中国空军的飞机集中在汉口、南昌机场。1937 年 12 月，苏联制造的轰炸机和驱逐机数百架运到武汉，苏联空军志愿队也成批抵达武汉，在一定程度上增加了中国争夺制空权的力量。1938 年 2 月 18 日，武汉发生第一次空战。当天，日机 38 架空袭武汉，中国空军第四大队在苏联空军志愿队配合下击落敌机 11 架，己方损失飞机 4 架，大队长李桂丹、中队长吕基淳和队员巴清正、王怡、李鹏翔等殉国。2 月 21 日，武汉举行空战祝捷大会，公祭牺牲烈士，孔祥熙、冯玉祥、周恩来等出席致祭，会后举行两万多人的大游行。4 月 27 日，日军为庆祝“天皇节”，出动 69 架飞机轰炸武汉，苏联空军志愿队升空拦击，经过 30 分钟激烈空战，击落日机 29 架，己方损失战斗机 5 架。5 月 31 日，日军驱逐机 36 架、重轰炸机 18 架进犯武汉，中国空军奋起迎敌，击毁敌机 14 架。6 月 5 日，武汉两万多人公祭空战中牺牲的分队长张效贤、杨慎贤和队员陈怀民、孙全鉴四烈士，蒋介石参加致祭。为了打击日军气焰，中国空军第十四队队长徐焕升、副队长佟彦博于 5 月 19 日下午分驾马丁式飞机从汉口起飞，到日本长崎、福冈散发传单，号召日本人民不要为军阀侵略战争卖命。三次空战击落日机

47 架，在当时确实是了不起的战绩。但因力量悬殊，6月中旬以后，武汉的制空权已完全被日军夺得。

4 铁蹄践踏下的城市

日军占领武汉后，大发淫威。在市区，日寇抓到15 个国民党未及撤走的士兵和乞丐，驱至江边，迫令步入江中，待江水过膝时，瞄准击毙。

为了控制武汉市区，日寇在汉口划分了安全区、难民区，在武昌划分了军事区、轮渡区、难民区。

侵略者大量强占公私住房，用以设置机关，驻扎军队。市内散居的居民及被日军从住宅中赶出的居民，一律迁入汉口、武昌难民区。汉口难民区在今硚口以下，利济路以上，左至汉水边，右至中山大道的地带。10 月 31 日，日寇就驱逐特三区内的居民迁入难民区。

难民区地域如此之大，但进出只有两个门，一设硚口，一设利济路汉正街口。门口竖立木栅，每天上午 9 点开放，下午 5 点关闭。难民出入时必出示从日本浪人、汉奸手中购得的通行证，在门口向宪兵脱帽、三鞠躬，否则就要受到三块砖——一块垫在膝头跪下，一块两手高举，一块顶在头上的体罚。当难民出区时，还要在门口接受喷洒消毒药水。著名汉剧演员黄鸣振对这种侮辱中国人的法西斯行为十分愤恨。一天，他过哨卡时，未向日军鞠躬，也不让日寇在身上喷消毒药水。日军先打他耳光，后又将其捉住，抬起来往地下摔，结果被活活摔死。

难民区宛如军事监狱，而所谓安全区也十分凄惨。当时的法租界、模范区及旧德、俄两租界区均划为安全区，共收容了被日寇轰炸后无家可归的难民75200多人。10月26、27日，日寇宣布“安全区之设立已过时”，“租界内藏有反日本分子”，对法租界实行封锁，周围立木栅。前一天还被人们视为“天堂”的法租界顿时也成了活地狱。木栅外，布满了敌军营帐和哨兵，法租界江边亦有日寇巡逻，租界内日用品顿形紧张，饮水断缺，后经法租界巡捕房与日军交涉，敌舰才允许法租界中的安南兵到江边挑水，每担收费一元，安南兵卖给居民则每担一元六角；煤炭暴涨至13元一担，大米32元一担。租界内粪便堆积，奇臭难闻，人口死亡率上千。死人都被法国巡捕房用芦席裹着抛到木栅外，再由日军抛入江中。

侵占武汉的日军，到处穿堂入室，公开抢劫。包括太平洋、璇宫、扬子江等大旅店的器具陈设，都被抢装上敌舰。交通路、江汉路一带商店的物资也被洗劫。日军还大量焚毁房屋，使千家万户无处栖身。汉口受害者达34640多户、124300多人，占当时武汉总人数的十分之一。王家巷原为商业繁华地带，被焚为一片平地，3667户无家可归。汉水旁商业区亦有两三千户住房被夷为平地。武昌徐家棚一带，日军“平柳”部队占领后，派4辆汽车，系上钢丝绳，将房柱栓上，然后拉倒，将木料、砖瓦运走，共毁民房809栋，还烧毁四美塘附近房屋100多栋。

日军以武汉作为控制华中的战略中心据点。畑俊

六、园部、冈村宁次、阿南惟几、冈部直三郎等先后为“华中派遣军司令官”，指挥中原地区侵华战争。在华中地区进行侵略战争的主要是日军第六方面军所属各师团、旅团，总兵力约20万人。其中部署在湖北的有谷岛皇太郎第三师团15000人（信阳为基地）、润田森钟第六师团15000人（江陵为基地）、村上启作第三十九师团15000人（黄石为基地）、大谷直次郎第四十师团15000人（武昌为基地）、萱岛蒿的第十八旅团7000人（潜江为基地）等，合计约9万人。此外，江上有舰只，空中有飞机。日军还在武昌南湖、徐家棚修建军用飞机场。连武昌路的隧洞也被封闭作为军用仓库。

为了加强对武汉的统治，日军在汉口成立了日本军特务部（后称联络部），先后以森皋、柴山兼四郎、落合甚九郎、落合鼎五、福山太乙郎为部长，负责建立和操纵湖北、武汉的汉奸政府，成为掌握生杀予夺大权的太上皇。伪汉口市政府和武汉伪军则充当日寇鹰犬，为虎作伥，把武汉推向殖民地深渊。

日军还在武汉设立宪兵队，成为直接迫害、镇压武汉人民的魔鬼。宪兵队以美座大佐（前期）、福田大佐（后期）为队长，队部设在汉口法租界和利冰厂（今武汉市食品工业公司）。在黄陂、安陆等日本驻军较多的地方，也都有宪兵队。

日本宪兵队这个魔鬼，日日夜夜吞噬着武汉人民的血肉。宪兵队设有特高课，重点侦缉抗日爱国人士、日本进步人士、共产党员、新四军及国民党第五、六、九战区来汉地下工作人员。在市区周围，如姑嫂树、水源地、岱家山、谌家矶等处，宪兵队均设岗哨。水上宪兵队则检查过往船只。1941 年，宪兵特高课田村接到密报：汉口后花楼翠仁旅社潜居有新四军人员，采购西药和印刷机。田村立即出动，在旅社中抓获无辜百姓刘虎父子等 6 人。在严刑拷打之后，刘虎父子被杀害。

对于被关押人员，日本宪兵队施行殴打、鞭抽、电刑、灌辣椒水、狼狗咬、绑吊、“举重”、“摔跤”、跪壁、“剑击”、挖眼、剥皮等各种酷刑。

在日寇殖民统治下，武汉居民常常被征发劳役，并遭受各种人身侮辱。1941 年 7、8 月间，汉口循礼门到中山公园一带，发生两次军用电线被窃事件，日本大孚宪兵队认定是偷窃者卖给收荒货的，于是把荒货摊贩抓到一起，又到出事地点挨家挨户通知开会，集中两千多人，勒令交出偷电线的人。两千多人被迫从早到晚，一连两三天，站着烤太阳，许多人被烤得晕倒在地。由于全市人民抗议，日军才解除这一“电线惨案”的酷刑。

对于妇女同胞，日寇肆意凌虐。每当更深人静，常有寇兵穿房入室，寻找“花姑娘”。在武昌下新河的一个防空洞中，就有十几个妇女被日军轮奸后杀死。日军占领武汉后，还将原来的随营娼妓集合起来，指定区域居住，名为陆军公娼区、海军公娼区。日军在汉抢劫的中国妇女，都被送入公娼区。日军在朝鲜掠来 600 多人，其中 2/3 是妇女，大部分被强迫在汉口中山大道积庆里的随军“慰安所”当妓女，过着非人的生活。

日寇在武汉四周还遍设杀人场、埋人坑。仅在汉阳的杀人场就有十多处。在汉口郊区的东西湖走马岭、岱家山公路桥附近、武昌大矶头等处，大批中国人惨遭杀害。其杀人的方法包括枪杀、刀砍、吊死、煤油烧死、切肉块、活埋等。位于汉口市郊滠口的坦教湖，就是日寇行刑场之一。目睹日寇暴行的老农民说：“他们杀人，总是头一天把那些要杀的人带到这里挖沟，第二天再把这些挖沟的人用白布蒙上眼睛，带到沟边强迫跪下，由喝了酒的日寇提起军刀照头砍一刀，不管死活，一脚踢进沟里。”坦教湖一共有 60 多条埋人沟，沟长四五丈，宽四尺，共埋人 4000 名之多。武昌长春区居民秦忠石，因在茶余饭后对亲友谈过中国抗战必胜，被日商告发遭逮捕。日寇竟令其自掘土坑，活埋地下。

在日军统治下，武汉城市变态，经济走入低谷，城市人口锐减。1938 年有 125 万人的武汉三镇，到 1940 年只剩 31 万多人。在日寇统治下，工商企业减少 75%，汉口损失的房屋近 8000 栋。城市的公共设施、水电供应、办公用房、商市街道，无不遭到严重破坏。

5 新四军五师在武汉外围的抗战

武汉沦陷后，中共先后派李先念、陈少敏率部于 1939 年 5、6 月从豫南进入鄂中，开展游击战争，建立革命根据地和革命政权。队伍在战斗中成长壮大，形成新四军鄂豫挺进纵队。

1941 年 1 月，国民党发动了第二次反共高潮，制造了震惊中外的皖南事变，宣布取消新四军番号。中国共产党针锋相对地打退了国民党的进攻，高举抗日旗帜，重建新四军，继续开展敌后游击战争。1 月 20 日，新四军重建军部，鄂豫边挺进纵队改编为新四军第五师，师长李先念、政委陈少敏、副政委任质斌、参谋长刘少卿；下辖第十三、十四、十五 3 个旅和 3 个纵队。第五师建立后，在战火中锤炼成一支有组织、有纪律，具有顽强战斗力的部队，活跃于华中，威慑着武汉。

当时，皖南事变刚刚过去，敌伪对根据地进行扫荡，国民党顽军又向我豫鄂边区进攻。豫鄂边区军民在“实行全民武装，保卫家乡”口号下，建立大量武工队、基干队、游击队，开展人民战争，与第五师主力相配合。从 1941 年 11 月到 1942 年 2 月，我军共作战 14 次，全歼伪定国军一个师，击溃日军 7 次增援，击伤日军 200 多人，俘伪军 950 人。

为了统一主力部队和地方武装的领导，鄂豫边区党委又决定成立豫鄂军区，下辖 5 个分区。边区武装人员发展至 27100 人，其中第五师正规军 12600 人，各军分区机关 7000 人，县、区、乡地方武装 7000 人。从 1942 年到 1943 年，抗日武装多次粉碎了敌伪的扫荡和蚕食，打退了国民党第五战区李品仙、湖北鄂东行署程汝怀的进攻，缴获枪支 2000 支，补充扩收新兵

6000人，有力地钳制日军第三、四、十三师团和第十八旅团等，巩固和发展了抗日根据地。豫鄂边区在党的领导下，进行了经济、文化建设，开展了整风和大生产运动。这一切奠定了包围武汉、反攻武汉的战略基础。

1943年5月，第五师为扩大抗日根据地，决定发展襄南河湖港汉地带游击战争，派出第十五旅渡襄河，创建以洪湖为中心的抗日根据地，逐步控制了襄南地区。

11月，日寇进攻鄂西、鄂南，我军成立江南挺进支队，渡长江南下，进入桃花山和洞庭湖畔，建立了6个联乡和14个乡的民主政权，发展了地方游击队和民兵，创建了桃花山敌后抗日根据地。这样，又从南面形成了对武汉日军、伪军的包围。期间，汉口日本宪兵队本部队长美座大佐，乘汽车到应城途中，中了新四军埋设的地雷，被炸身死。

至此，整个鄂豫边区所辖地区，由1941年的十几个县扩大到1943年的51个县，总人口达1020余万人（基本区400多万人，游击区600多万人），主力军、地方军则发展达4万人，不仅活动于武汉外围，而且也进入武汉近郊。江汉地区与鄂中、鄂南连成一片，互相策应，从而实现了对日伪盘踞的武汉的战略包围。

根据中日战局发展，中共中央于1944年8月派八路军第一二〇师第三五九旅4000多人，组成国民革命军第十八集团军第一游击支队，由王震任司令员、王首道任政治委员，执行南下任务。

南下支队历时78天，踏雪履冰，于1945年1月

27 日到达豫鄂边区领导机关所在地大悟山地区，从而进一步加强了第五师和边区的领导力量和作战力量。

不久，南下支队与张体学率领的第十四旅第四十团、四十一团向湘鄂赣边境挺进。5 月，正式建立了湘鄂赣边区临时党委和湘鄂赣军区、湘鄂赣边区行政公署。其活动扩展至武汉郊区。

当王震率部进军湖南时，王首道、张体学则率部在鄂南出击。1945 年 5、6 月间，在今武汉市武昌保福祠、舒家窖、月山、鲊州一带歼灭了日伪别动军马钦武部。7 月，在嘉鱼、蒲圻一线全歼伪三师。在与敌伪顽斗争中，我军在鄂南已形成优势。建立了鄂（城）大（冶）、武（昌）鄂（城）等 13 个县政权，全区南北 130 公里、东西 80 公里，人口达 200 多万，从南部威慑着武汉的敌伪统治。

在八年抗战中，第五师在战斗中成长，建立了鄂豫皖湘赣军区，下辖 7 个军分区、3 个正规旅、3 个独立旅和地方武装，全军兵员约 5 万人，边区民兵 30 万人，在 63 个县约 2000 万人的地区进行抗日游击战争，先后抗击日军 6 个师团、2 个旅团的一部分兵力和伪军 8 万人，有力地配合了正面战场。从 1939 年到 1945 年，日寇对正面战场发动 20 次左右战略进攻，其中有 15 次在鄂豫边区附近。第五师配合友军投入战斗。在此期间，国民党发动过 3 次反共高潮，根据“有理有利有节”的原则，第五师进行了还击。八年以来，参加主要战斗 1030 次，毙伤敌伪 41100 余人。第五师自身亦伤亡 13200 余人。

在部队作战胜利的基础上，根据党的抗日民族统一战线方针，建立了豫鄂边区行政公署（许子威为行署主任），下辖7个专员公署，38个县政府，解放人口1300多万，并在1945年秋加强战略反攻，夺取了抗战的最后胜利。

6 中山公园受降和国民党接收

1945年8月15日，日本宣布投降。日本投降前后，蒋介石一面命令日伪军不得向八路军、新四军投降，要长期在武汉外围作战的第五师“原地驻防待命”，另一方面急调龟缩在大后方的国民党军队出山抢占大城市和交通要道，并进攻解放区。

8月23日，国民党第六战区部队向武汉进发。30日，第六战区前进指挥所主任谢士炎少将，率官佐19人，通信兵12人，随军记者4人，宪兵12人，从恩施乘运输机飞武汉，开始办理受降工作。

9月14日，王敬久的第十集团军进至武汉附近。16日，开入武汉市区。17日，孙蔚如等乘船抵汉，在汉口上智中学设立第六战区司令长官部。

为了抢夺抗战胜利果实，9月18日下午第六战区在汉口中山公园受降堂内举行受降大会，孙蔚如、王东原、郭忏等第六战区军政要员接受了日军第六方面军冈部直三郎事先商洽好的投降。日军侵华第六方面军所属第一三二师团、一一六师团、十七旅团、八十五旅团、八十六旅团、八八〇旅团、第五步兵旅团、十一步兵旅团、十二步兵旅团等部日军全部投降。

国民党在受降中共接收：

日俘——官兵 202335 人

日侨——12988 人

骡马——9530 匹（日本产），437 匹（中国产）

手枪——4474 支

步枪——159654 支

轻机枪——4585 挺

重机枪——566 挺

还有大量火炮、子弹。

武汉地区伪军至 10 月 6 日亦改编，全部纳入国民党建制，摇身一变成“国军”。如李宝琏在葛店、武昌的伪第十三军、公秉藩在武昌、金口、纸坊的伪第四军，均编并入国民党第九十二军。李、公二人调为长官部少将参议。国民党军还从日伪手中得到了大量装备，这些都成为他们行将发动全面内战的武器。

七 城市衰变和国民党统治的覆灭

1 光复后的城市社会经济危机

1945 年 8 月 15 日，日军战败投降。沦陷七年的武汉光复。但是，刚刚从日寇统治的梦魇中摆脱出来的武汉，很快又被拖上新的战车。这个昔日被誉为“东方芝加哥”的工商业城市倏然间变成一座军事机构林立、军警特宪出没的军事重镇。

当时国民党政府设立了武昌市政筹备处，准备组成合武昌与汉阳城区而为一市的武昌市，汉口市仍为省辖市。1946 年 10 月，武昌市政筹备工作完竣，正式成立武昌市政府，只管辖武昌地区，定为省辖，市下划为 8 个区，82 保，1334 甲。汉阳市区改属汉阳县。1947 年 8 月，汉口定为国民党行政院二等院辖市，下辖 14 个区，294 保，4819 甲。两市一县的武汉三镇建制一直沿袭到 1949 年为止。

这些市政机构，比起显赫、林立的军事机构来，显得黯然失色。

为了进行内战，协调华中地区的军事组织，1945年，国民党军事委员会武汉行营建立，设于汉口华商街，由程潜任主任。1948年3月，武汉行营改组成华中“剿匪”总司令部，由桂系白崇禧任总司令，其辖区包括湖北全省，河南、安徽两省各一部及川陕鄂边境。为配合以军事力量掩护政治经济，以政治经济力量配合军事的总体战方略，又在“剿总”下设立华中政务委员会，以“督导”地方行政工作，由白崇禧兼主任。

设于武汉三镇的其他重要军事机构还有空军第四军区司令部（辖区有湘、赣、粤、桂、闽、浙、苏、皖、鄂、豫等省，为国民党最庞大的一个空军军区）、第四补给司令部（华中“剿总”辖区内补给供应之最高指挥机构）、武汉警备司令部（指挥武汉三镇的军警宪部队）、湖北省保安司令部（管辖全省之保安团体与警察）、湖北省军管区司令部（全省役政最高机关）。

这些军事机关，凌驾城市政府之上，强占民房、私宅，其成员横行街市，强征滥索，目无法纪，迫害进步人士，成为城市社会经济发展的严重阻碍。

武汉地区特务组织也有了强化。1945年9月，军统局武汉办事处成立，设办事处于汉口北京路一号。武汉的特务组织除军统外，还有中统。武汉中统组织吸收了大批汉奸、特务，形成一窝盘踞武汉的地头蛇。这些特务组织的主要任务是对付共产党，破坏进步组织、团体，迫害爱国民主人士和进步学生、工人。

1946年，在中原解放军突围时，不少同志秘密潜入武汉。中统特务胡楚平等人，成天在车站、码头窥伺，缉捕共产党人和滥捕无辜群众。在军统武汉办事处成立初，特务有一次竟将一名无辜中年妇女当成第五师政委陈少敏加以逮捕，关在博爱路军统看守所，进行迫害。一些进步人士、爱国学生，时时遭到特务的威胁。1949 年 1 月 14 日，军统武汉站少校组长、叛徒胡某带领一批特务窜到武昌戈甲营 16 号武汉大学学生查家骧家里，逮捕了准备前往解放区的查家骧、杨振华（共产党员）等 6 位同学。次日又一位党的积极分子在去查家墩时被捕。

国民党政府在武汉光复后的第一件大事就是接收。对于国民党当局而言，收缴日军武器装备固然重要，更加令人垂涎的是武汉的地盘和大批物资财富。仅日本帝国主义在武汉霸占和经管的军事工厂、仓库就达一百多个，另外还有大量厂矿设备、现金股票及其他有价证券等。

8 月 25 日，国民党成立了以孙蔚如为主任委员（林逸圣代理）的接管日方物资委员会，下设武器器材、交通通讯、粮服、卫生、公用事业、文化事业六组和秘书、研究、总务三室，全面负责对逆产进行接收。譬如第六战区长官部和军政部特派员接收了日军全部装备、军事仓库、附属工厂，其中包括日军船舶 177 艘，工厂、仓库 100 多所，粮食 3989 万斤。湖北省政府则接收了日伪省政府资产共 139 个单位。经济部特派员接收了华中水电公司、汉口既济水电公司。财政部特派员接收了江汉关。从 9 月 21 日至 10 月 3

日，接委会等共接收武汉地区电讯、大冶矿区、武昌南湖农场等59个单位。

国民党军政宪特一窝蜂似地大接收，贪污中饱，丑态百出。第六战区司令长官部等单位，将接收的非军用物资分给官佐、家属者达40亿元以上。江汉关奉命拍卖日伪物资时，勾结官、商低价出售，渔利达10亿元以上。

国民党汉口特别市党部主任袁雍，第六战区司令长官部前进指挥所主任谢士炎，国民党中央通讯社武汉分社主任徐怨宇，军统局湘鄂赣边区中美行动总队长唐新，抢先来到武汉，肆无忌惮地将接收的日伪的金子、房子、票子、车子据为己有，被武汉人民"封赠"为"劫收""四大金刚"。仅徐怨宇一人，在到武汉的一个月内，就鲸吞黄金110两，霸占房屋12栋，私占福特牌小汽车一辆。原日伪汉口治安联军总司令邹平凡，摇身一变成为国民党要员，接收日伪仓库，霸占日伪房产，以亿万元计。第六战区副司令长官郭忏，贪污、受贿的金额达500亿元以上。湖北省主席王东元，将武昌涵三宫一住宅中的大量日伪物资投入私囊，并通过省政府秘书处科长叶某，将其接收的汽车、汽油及其他日伪物资私自出卖，得款数亿万元之巨。

小小的汉口市三路警察局一个分队长粟桢祥就侵占日伪资产2000余万元。

尽管国民党军政人员从上到下在接收中发了横财，中饱了私囊，但这只能促使他们从腐败中走向灭亡，不能挽救在他们反动统治下社会和经济的全面崩溃。

抗战胜利后，蒋介石为建立独裁专制统治，全力转向内战。1946 年 6 月下旬，蒋介石集团向中原解放区发动大规模军事进攻。郑位三、李先念等率第五师胜利突围，全国解放战争从此开始。

国民党发动全面内战后，军费开支空前增加。为了弥补财政巨额赤字，蒋政权在横征暴敛的同时，大量发行钞票，结果通货膨胀有如脱缰之马，失去控制，法币猛烈贬值，物价疯狂上涨。

武汉地区零售物价指数，1946 年全年平均与 1937 年上半年比，上涨 5253 倍。1948 年 8 月与 1937 年 6 月比，上涨 424 万倍。为敷补千疮百孔的经济局面，蒋政权于 1948 年 8 月强行发行一元折合法币 300 万元的“金圆券”，且以“借人头，平物价”的暴力手段“限价”。一时间，武汉市场出现罕见的“平稳”假象。但是，这种假象到 10 月初就变成了市民抢购货物的风潮。

10 月 2 日，位于汉口江汉路闹市的“悦新昌”、“鸿彰永”等绸布店一开门，等候在门外的人群蜂拥而入抢购布匹，并很快波及其他绸布商店，一天之内，汉口 36 家绸布商店几乎出售一空。很快抢购风潮又蔓延到百货商店，连续 5 天，武汉各大商店被悲怆的市民抢购一空。

7 日，武汉三镇许多商店都挂出“无货供应”的牌子。17 日，发展到对粮食的抢购，许多米店、面店的白米、面粉都被抢购一空。一些地方的米店甚至被哄抢。武汉地方当局残暴地用“借人头，平物价”的办法来抑此抢购风，1949 年 2 月 2 日枪决了两个所谓“青年抢米犯”以儆效尤。

在实行币制改革的同时，国民政府公布了《人民所有金银外币处理办法》，宣布黄金、白银、银币和外币禁止流通、买卖和持有，限期向银行兑换金圆券，规定黄金每两兑给金圆券 200 元，白银每两兑给金圆券 3 元，银元每枚兑给金圆券 2 元，用一纸金圆券，强行从人民手中兑换大量金银。从 1948 年 8 月 21 日起到 10 月底，中央银行汉口分行在武汉收兑黄金 73614 两，白银 551882 两，银元 5206915 枚。由于人民的强烈反对，国民政府被迫于 11 月 12 日公布《修正人民所有金银外币处理办法》法令，准许人民持有金、银、外币，但兑换率一律提高 5 倍，用金圆券兑换黄金、白银时，还必须同时向银行储存与兑换金额同值之金圆券，实际等于 2000 元金圆券兑换黄金一两，30 元金圆券兑换白银一两，20 元金圆券兑换银元一枚。国民党政府巧取豪夺，变换手法又从老百姓身上榨取了大量钱财。

金圆券的发行，开初最高面额是 100 元，发行限额 20 亿元。随着商品价格的猛涨，货币贬值剧烈，于是 10 万元面额的金圆券问世。武汉解放前夕，已发行金圆券达天文数字 1303046 亿元，金圆券价值不及自身之印刷费和纸张成本。1948 年 8 月 20 日，100 元金圆券在汉口可买 14 袋面粉，3 个月后只能买 7 斤面粉，到武汉解放前夕，就只能买千分之一个馒头。

在恶性通货膨胀中，物价腾贵，人民生活极端困苦。靠薪金生活的人，难以度日。这年11月初，武汉28个院校的全体教职员“总请假”，要求增加工资。有的工人，因生活所迫，妻离子散，家破人亡，走上吊颈、投河的绝路。

在“劫收”中发了大财的官僚资本是武汉经济混乱的始作俑者，他们依仗其政治优势控制武汉金融机构，制造通货膨胀和进行金融投机。

早在1945年9月18日，第六战区长官部“六战区作战命令甲字第一号”命令就规定：“不问国营、民营银行，及金融机关，不得再发行公债、库券、钞票，及类似货币之票券。其已印未发之票券及券版，连同财产现款票据账册，保管之公债库券基金，发行钞票准备金等，一切保管财物均应封存，并造具清册，连同原经营人员，负责保管，听候本司令长官指派专人接收。”据此他们接收了日本在武汉有“金融之枢纽”称号的正金银行，随后又建立了中央银行汉口分行等14家银行，牢牢控制了湖北、武汉的金融业，以此来制造通货膨胀和进行金融投机。

与人民生活直接相关的汉口既济水电公司、南洋兄弟烟草公司，都被宋子文所控制；他还利用接收民生茶叶公司、民生贸易公司，实行“统购统销”，进而垄断了各该行业的资源和经营权。曾任过省政府主席的何成浚，则以巧取豪夺手段于1946年打入武昌第一纱厂，当了该厂的董事长。

在官僚资本的垄断、操纵和盘剥下，武汉的民族工商业受到严重的摧残，民族经济进一步走向衰败，各阶层人民的生活更加困苦。

全面内战爆发后，蒋介石政权为维持其庞大的军费开支，急切希望从美国获取更多的援助；而美国政府也亟欲通过对中国的“援助”，倾销其过剩物质，占领中国的商品市场和资本市场，以达到全面控制中国主权的目的。这样双方就在反共反人民的共同基础上进一步结合起来。1946 年 11 月 4 日，南京政府和美国签订了不平等的《中美友好通商航海条约》，美国全面攫取了在中国政治、经济、军事和思想文化方面的特权，进一步加深了中国殖民地、半殖民地的程度。武汉人民饱受了美帝国主义经济侵略的摧残。

以棉粮为例。美国大量向武汉倾销面粉，1947 年 1 月到 11 月共输入面粉 3828455 包，大大超过了武汉面粉业该年产量的 861300 包，洋面粉充斥市场，武汉自产面粉的日销售量不足 3000 包。

在美国过剩产品的倾泻和国民党官僚资本的垄断下，武汉的民族资本主义工商业纷纷破产、倒闭。1946 年 8 月，汉口各种商店近 2 万家，两个月后倒闭 3000 家，到 11 月底，仅剩 16200 家。1946 年 10 月初，武汉有 300 余家纺织、印染厂，到月底，倒闭 200 家，剩下的也在挣扎。至 1949 年 3 月，全武汉 3100 余家私营工厂和作坊，停工者已近半数。至人民解放军渡江前夕的 4 月，武汉三镇的棉纺针织业已全部倒闭、停产；汉口的百余家烟厂停产 90 多家，就连一日不可缺少的碾米行业，也在 210 家中停了 58 家，工商业呈现一派凋敝景象。

由于工厂、商店纷纷倒闭，大量工人相继失业。1946 年底，汉口的失业工人就超过 10 万人。特别是老弱病残的失业工人，生活无着落，沦为乞丐，流落街头。汉口沿江大道江边，有一个锈烂了的锅炉，竟成了失业工人的栖身屋子。

“长夜难明”，近百年来，武汉人民在清政府、北洋军阀政府、国民党政府的统治下，受到了最痛苦的煎熬。反动政权的腐败和残暴，是造成武汉乃至全国社会动乱，民不聊生的根本原因。到 20 世纪 40 年代末，国民党政府已经不能照旧统治下去，武汉人民也不能照旧生活下去。摆在武汉人民面前的出路是斗争，是迎接解放的革命斗争。

2 反对美蒋统治的风暴

1946 年 12 月，北平发生美国士兵强奸北大女学生事件，激起了全国人民的无比愤慨。以北平学生为先导，很快就形成了全国范围的学生抗暴运动。中共武汉地下党组织在武汉积极开展了“第二条战线”斗争，发动学运、工运，卷起反对美蒋统治风暴。

1947 年 1 月 5 日，武汉大学教授电呈国民党行政院、教育部，声援北大教授提出的严惩美方犯罪士兵等正义要求。武汉大学、华中大学、武昌艺专、湖北医学院等校组织抗议美军暴行示威联合大会。1 月 15 日，武汉大中学校学生在武昌东厂口集合，举行反对美军暴行的游行示威。这一游行示威，同时揭开了武汉“反饥饿、反内战、反迫害”的学生运动的序幕。

1947 年 5 月、6 月，武大学生在地下党的领导下，提出了立即停止内战、保障人权、提高高校学生生活等 7 点要求。武汉各高校 5 月 22 日举行大游行。反动军警如临大敌，以刺刀、机枪相威胁，但恐吓、威胁吓不倒爱国学生，武大学生长途跑步进入武昌城，沿途高呼“中国人不打中国人!”“我们要民主不要独裁!”5 月 31 日深夜，一千多军警宪特将武汉大学四面包围，然后闯入学生宿舍，进行大搜捕。大批学生被军警强行带走。学校教授们也不能幸免，哲学系教授金克木等遭军警绑押，和几十名被捕同学挤在一起。在茫茫黑夜中，被捕师生一卡车一卡车被运走。因为逮捕的人太多，到早晨 6 时还有 3 辆卡车没有开走，上面几十名同学双手被反绑，周身大捆，形同重囚。其他同学们见状，愤怒填膺大声抗议：“我们犯了什么罪!”一个反动军警掏出手枪砰的开了一枪，埋伏在四周的机枪、步枪，一齐向毫无防备的同学扫射，珞珈山上响起了密集的枪声。手无寸铁的大批学生顿时倒在血泊之中，刽子手们犹不放手，又投掷了三颗手榴弹。黄鸣岗、陈如丰、王志德三位同学，就这样惨死在国民党宪警的枪口之下。

“一人倒下去，千万人会站起来!”武大师生不顾敌人的暴力威逼，举行各种追悼烈士的活动，发表了为死难者复仇的决议。6 月 23 日武大追悼会上，南京校友送来了哀挽。武汉三镇大中学校都派代表执绋送丧，并游行武大一周。

在学运高涨之时，武汉地下党组织深入工厂，策划和发动工运，形成第二条战线斗争的高潮，以配合中国人民解放军在第一条战线的斗争。1947 年 9 月初，国民党军政部联合后勤总司令部被服厂（位于硚口，简称被服厂）贴出布告，要求全厂职工在 10 月底完成计划和追加任务，并允诺每个职工发 40 万元奖金。当时物价飞腾，工人生计艰困，大家加班加点，盼待任务完成后可以得到奖金。但至 10 月底，任务完成后，厂方却不兑现承诺，引起了工人的强烈不满。

11 月 6 日，裁剪厂工人质问厂长徐福海为什么不发奖金，徐大骂工人造反，要工人滚，并威胁说要关厂，把工人饿死。工人忍无可忍，毅然举行罢工，冲出厂门，到“武汉行辕”请愿，但未获结果。次日，工人又整队集合，准备再次前往行辕请愿，但在厂门口遭到武装厂警和特务镇压，当场打死工人蔡绍仪、丁海泉，打伤工人十几人。这就是震惊全市的“一一·七”惨案。

血案发生后，全厂八千多工人宣布总停工，各车间也成立了“一一·七”血案支援委员会。11 月 12 日，召开了有外厂工人参加的万人追悼大会，形成声势。

为平息工潮，联勤总部从南京派员来厂进行调停。特派来的中将衔赵高参起初以违反社会治安为名，对工人进行恫吓。但工人团结一致，据理抗争，打掉了赵的威风。赵只好与工人代表坐下来谈判。工人代表提出“杀人抵命，枪毙凶手”、“厂长撤换查办”等 8 项严正要求。在全厂工人和社会舆论的强大压力下，赵被迫同意工人要求，撤去徐福海厂长职务，当众逮捕厂警队头目钱汉章、戴续林等，并押至灵堂前跪下请罪。同时，答应发给工人奖金，对死者家属进行抚恤。这场斗争，以工人的最后胜利而告结束。

这场斗争后，武汉人民“反饥饿、反迫害”斗争进一步扩展。三十兵工厂、一纱、海军工厂相继罢工，江岸车辆厂工人发起要棉衣的斗争，武汉泥木工人也组织罢工。斗争一浪接一浪。在斗争过程中，党在三十兵工厂、一纱、汽车修配厂、鄂南电力公司等先后建立起自己的组织。

解放前夕武汉轰轰烈烈的工人运动，是武汉工人阶级在自己先锋队组织——中国共产党领导下，直接起来参加埋葬蒋家王朝的历史性行动。

3 白崇禧“隔江而治”的幻梦

1948 年辽沈战役后，蒋介石将国防部长白崇禧调武汉任华中“剿匪”总司令，将移驻汉口的国防部九江指挥所改为华中“剿匪”总司令部。当时，白崇禧实施所谓河南、湖北、江西、湖南、广东、广西、安徽七省总体战，以巩固华中华南地盘，一方面阻止解放军进攻，另一方面扩张桂系实力。1949 年 1 月 21 日，蒋介石在内外交困中“引退”，“归隐”浙江奉化老家，在幕后指挥军事，以副总统李宗仁代理总统。就在蒋介石“退位”这一天，华中“剿总”改名为华中军政长官公署，表示和中共调协的姿态。

李宗仁上台后，继续进行和谈，与中国共产党周旋，同时加强桂系主力所在的湖北、湖南和广西的防务，阻止解放军渡江南进，以图稳住桂系小天地，实现“隔江而治”的迷梦。白崇禧在武汉“主张划江而治，形成南北朝局面，长江以南归国民党，长江以北归共产党”。当时白崇禧掌握三四十万军队，控制鄂、豫、皖、赣、湘、桂、粤七省和武汉、广州二市军政大权，在蒋管区有举足轻重之势，与李宗仁上台相呼应。白想利用长江天险，以图偏安，并亲自到南京与李宗仁策划“划江而治”。

从临战需要，白崇禧下令大修武汉城防工事，并以募捐为名，向武汉工商界硬性摊派捐款和砖砂、水泥、钢材、木料等，逼令汉口市长晏勋甫立即筹集银元，以充军需，弄得晏勋甫手忙脚乱，商会人仰马翻，广大人民家破人亡。

4 反搬迁，反破坏

1949 年 4 月 21 日，毛主席、朱总司令向中国人民解放军发布向全国进军令。渡江战役开始。人民解放军很快突破长江天险；4 月 23 日人民解放军占领南京之后，势如破竹，解放武汉已是指日可待。为了配合人民解放军做好接管武汉工作，4 月 29 日，中共武汉地下市委通过了《为保卫城市度过青黄不接，进入接管而斗争》的报告，把工作中心转移到准备接管和反迁移、反破坏方面来。党组织发出秘密传单，发动群众团体，联络各界人士，揭露敌人破坏阴谋。敌人为了应付彻底覆灭的厄运，提出“应变”口号，以图伪装或潜伏下来，与我进行“合法斗争”。中共地下党接过这个“应变”口号，利用其模糊性、合法性，用以组织工人、市民、学生，反对敌人的搬迁和破坏，进行护厂、护校斗争。

第一纱厂和申新纱厂工人用沙包将厂门堵死，并装上铁丝网。同时分别组织有几十条枪的武装护厂队。一纱经理程子菊蓄谋运走机器、棉纱，地下党发动工人，轮流守卫工厂和仓库，挫败了迁厂阴谋。

白崇禧在撤离武汉时，决定对武汉重要设施进行破坏，并动员工厂南迁。破坏计划由华中“剿总”交通处拟订，由水上警察局、工兵营、通讯营等执行，重点破坏水陆交通设备、水电工厂、电信局及工业区。当敌人强令搬迁时，武汉市电讯局职工把好机器伪装隐蔽起来，而把坏机器装箱让敌人运走。当敌人一个排要炸毁搬不走的设备时，工人纠察队武装护卫大门，又准备银元、酒席，与敌人周旋，使敌人未能入局破坏。当敌人来炸船时，武汉轮渡管理局职工预先将“兴山”、“长阳”、“汉阳”等船开走。

武汉码头工人为保护码头进行了英勇斗争。5月14日上午8点多，敌人炸毁了一纱和震寰纱厂码头的趸船。14日下午，敌3801部队三团一营一百多人从沙湖街入城进行破坏，武胜区地下党支部书记、码头工人倪复山立即组织码头工人、纱厂工人、街道居民及荷枪实弹的自卫队成员共3000多人，追击敌兵，迫使其缴械。15 日，敌人从汉阳兵工厂拖来一船炸药，共 67 包半，准备炸毁一纱、裕华、震寰 3 个纱厂和附近发电厂、码头、趸船。倪复山在敌人炸药船靠岸时，带了几个工人上船，假装去卸货，同时派了两个同志去对押运炸药的敌兵做工作，把敌军队长和士兵请到营房口馆子中喝酒，然后乘机将船开到鲇鱼套，把船沉入水中，使一次大爆炸熄于未发。在中共地下党支部领导下，码头工人在 5 月间日夜抄写、张贴《中国人民解放军布告》一千多张，散发传单一万多份，宣传我党我军城市政策，号召人民保护国家财产，迎接解放。

白崇禧等要炸毁武泰闸、电力局，中共地下市委书记会晤了李书城、张难先，通过李书城、张难先当面向白劝阻，武汉商界也凑了一笔“撤迁费”送给武汉警备司令，才保住了这些公用设施。

敌人要包围进袭武汉大学，学生们便推拥周鲠生校长出面交涉，一批进步教授也参加了迎接解放的斗争。

在新旧鼎革之际，少数散兵游勇、流氓无赖，组成“吃光队”进行骚扰。武汉救济委员会和各工厂护厂队和广大人民对其进行坚决回击。在武昌积玉桥、下新河一带及沙湖旁，一些“吃光队”被打散和驱走，保证了社会秩序的安定。

当时在中共地下党领导和影响下，武昌成立了自卫大队，下辖 3 个中队、9 个分队、27 个小队、1 个救护医疗队，共有三千多人。每个中队配有步枪一百多支，按地段进行值勤。

自卫大队为保护武汉社会财产和公用设施的安全，为保护人民生命财产和社会秩序的安定，为迎接武汉的解放作出了重要的贡献。

 张轸金口起义

中国人民解放军渡江战役开始后，国民党在武汉的统治已经朝不保夕。白崇禧见大势已去，决定南撤。5 月 1 日，武汉疏散委员会通知军事机关无关人员及眷属，党政机关和社会团体职员、眷属以及自愿疏散的平民，向长沙、广州、衡阳、宜昌、重庆、桂林疏散。

5 月 8 日，武汉警备司令部宣布，武汉进入战时状态，实行军事管制，敌第七军、三兵团、十九兵团开始南撤。之后，华中“剿总”的各级官员，携带家眷和箱笼赃物，抢登火车、汽车，纷纷南逃。15 日下午，白崇禧乘专机离开武汉去湖南，最后留守在武汉的第五十八军随后撤离。至午夜，武汉三镇进入了黎明前的“真空”时期。

就在白崇禧南逃的当天，华中“剿总”副总司令、第十九兵团司令、河南省政府主席张轸率第一二七军 1 个师、第一二八军 3 个师，共 2 万多人，在武昌金口、贺胜桥一带起义。

张轸在第一次国内革命时期就受到共产党员林伯渠的影响，抗战时，和八路军驻第五战区长官部代表朱瑞、唐天际又有接触。后到重庆，又结识周恩来、叶剑英。1948 年淮海战役开始前，张轸请民主人士李

世璋和华东地区共产党组织取得联系，并向中共中央反映了要求和打算。党还派出专人与张联络。

1949年3月，张率部南下武汉，继续相机起义，5月初，在得知白崇禧决定弃守武汉的计划后，张轸决定在第七军撤走后实行起义，并秘密争取与鲁道源的第五十八军一起行动。鲁道源拒绝，并向广州顾祝同告密。

5月14日，白崇禧从广州回武汉，打电话约张轸至武昌，并出示顾祝同拍来电报："据密报，张轸勾结共匪，图谋叛变，请将其师长以上军官拘押送广，从严法办，所部就地解散。"面对白崇禧的质问，张镇定自若，白崇禧半信半疑，于是命张电话通知所部师以上军官第二天上午10点都来武昌开会。张表示服从命令，同时请求允许到第十九兵团驻汉办事处去一趟。待白崇禧同意后，张登上吉普车，如脱笼之鸟直奔金口鲍汝沣师部，下车后即通知各师师长开紧急会议，决定立即宣布起义。

张轸起义成功，分散了白崇禧的南逃军力，也配合了武汉的解放。起义后不久，第四野战军邓子恢副政委来电慰问，毛泽东主席、朱德总司令也来电欢迎张轸的起义来归。

6 武汉的新生

5月15日，敌第五十八军全部撤走后，武汉进入"真空"时期。武汉地下党已在事先进行了发动、组织，通过工人护厂队、纠察队、自卫大队以及武汉临时救济委员会等，维护社会治安。全市警察上岗，消防队上街，工人和学生组成的自卫队、纠察队巡逻大街小巷，分段值勤，水、电等公用设施都派专人保护。

当天深夜，武汉119万人民（汉口84.6万人，武昌、汉阳34万多人），以急切和兴奋的心情，盼待人民解放军进城。在彻夜灯光下，人们纷纷书写标语，制作彩旗，缝制红旗，迎接着自己解放的盛大节日。

16日清晨，武汉各界代表人士乘车到滠口，迎接人民解放军。下午3时第四野战军第一一八师的一个先遣营正式进入汉口。该营由举着“天亮了”三字横幅的学生队伍为先导，由黄浦路经中山大道进入汉口市中心。6时许，邓岳师长亲率第一一八师开进市区。汉口市万人空巷，夹道欢呼。中山大道被挤得水泄不通，红绿彩纸漫天飞舞。口号声、鼓掌声、欢呼声、鞭炮声汇成了欢腾的激流。正如邓岳师长后来所说：“三十多年前，武汉人民倾城出动欢迎解放军的热烈场面，我至今仍然历历在目，久久不忘。……部队进入了市区，到处呈现出一幅幅激动人心的画面……像过盛大的节日一样。”

17日清晨，汉阳工人代表驾驶几十辆汽车，出城迎接解放军。江汉军区独立一旅一万多人在旅长李人林、政委齐勇率领下进入汉阳，受到汉阳人民盛况空前的热烈欢迎。

武昌方面，16日傍晚，武汉临时救济委员会和自卫大队在黄鹤楼上竖起了一面红旗，作为欢迎人民解放军进入武昌的信号。17 日下午 2 时半，刚进占汉阳不久的独立一旅，派一团二营渡江到武昌维持秩序。5 时左右，进至葛店之四野先遣兵团第一五三师，沿武冶公路进入武昌市区，武昌人民倾城出动，在阅马场载歌载舞地欢迎大军入城。

整个武汉三镇解放了，武汉回到了人民的手中。

中共中央中南局和中南军政委员会在汉口成立。

5 月 20 日，中共湖北省委、省人民政府和湖北省军区宣告成立。李先念任省委书记、省人民政府主席、省军区司令兼政治委员。

5 月 22 日，中国人民解放军武汉市军事管制委员会成立，谭政、陶铸任正、副主任。以萧劲光为司令员、谭政为政治委员的武汉警备区亦成立。

5 月 24 日，武汉市隶属中南军政委员会，成立了市政府。差不多同时成立了中共武汉市委，市委书记张平化，市长吴德峰。从此武汉三镇长期地、有机地成为了一个整体。在中国共产党领导下，武汉由一个疮痍满目的半殖民地半封建城市逐步转变成一座新型的社会主义工业化城市，揭开了历史上最新最灿烂的篇章。

八 百年来艰难曲折的发展轨迹

近代的武汉，主要以 1861 年开埠为起点，经过近百年的演进，从封建市镇演化成半殖民地半封建型的近代都会。城市社会性质、城市文明形态发生了历史性的近代变更。

在这一过程中，城市在社会、经济、文化等各个方位上迈向了近代化，从而使城市文明从物质和精神都发生转型。但武汉城市近代化留下的轨迹是弯曲的、畸形的。

马克思、恩格斯认为："资产阶级在它不到一百年的阶级统治中所创造的生产力，比过去一切时代创造的全部生产力还要多，还要大。自然力的征服，机器的采用，化学在工业和农业中的应用，轮船的行驶，铁路的通行，电报的使用，整个大陆的开垦，河川的通航，仿佛用法术从地下呼唤出来的大量人口，——过去哪一个世纪能料想到有这样的生产力潜伏在社会劳动里呢？"武汉这一半殖民地半封建型的城市虽然没有出现如此巨大的生产力，但其发展仍是超历史的。

在近代的一百多年中，互不统属的武汉三镇已基本形成了统一的武汉市。武汉三镇的市区从不到 20 平方里扩大到 941 平方里（含近郊）。三镇人口从 20 多万发展到 120 万有余。这不只是量的机械增加，其内涵是近代城市工业文明新区的生成和发展。

一位美国学者曾经这样描述汉口：“在 19 世纪下半叶，汉口是中国中部的主要商业城市，也是世界上最大的城市之一。在王朝范围内，它处于一个横跨几千里、异常活跃的市场体系的中心，商品极为丰富，交换十分频繁。它招来世界各地不同肤色的产业工人和丝绸工人前来定居，并继欧洲城市一百年之后开始进入工业化时代。”

中国的城市在封建时代一直是作为行政首府、军事城堡而存在和发展的，其作为地域经济中心、商贸中心的属性和功能则发育得不充分。古代的中国城市比西方城市规模并不为小，而且有过之者，但不是依赖城市自身经济成长而扩大，倒是政权的“一个特别表现方式”。所以韦伯·马格斯把中国城市称为“王侯城”。近代武汉，主要是汉口，它走出王侯城的故道，而依仗于商品经济的自然属性，为自己开辟了新的发展轨迹。

1 因工商而兴的曲折轨迹

第一，因商而兴，或者说因商、工、交而兴，是武汉近代发展的一个主要特点。城市的形成是生产力发展和社会分工的结果，城市的发展特别是古代城市向近代城市的转型也是生产和社会分工发展的产物。

商业在武汉三镇（尤其是汉口）本来就是支柱行业。但封建时代是建立在农业和手工业基础上的小型商业，其水平和规模毕竟有限。开埠后的内外贸易勃兴，才开始近代武汉商业都会的建构。从根本上说，武汉城市的近代发展乃在于商品经济的发育，在于内外贸易的勃兴。商贸成为武汉城市运行的龙头。

而武汉近代对内对外商贸绝不是孤立的、自在的经济运行。如果没有交通条件的相应近代化，没有商品制造业——工业的近代化，是不可能的。近代武汉，交通和工业的近代化建构，与商业的发展大体上是同步的，因此，对于武汉而言，因商而兴实际上也就是因商、工、交而兴。武汉近代都市在形成和发展中，这一工、交、商联体机制与沿海某些单纯的货运港口、装卸码头是颇不相同的。

依靠发达的商路，汉口迅速成为全国最大的商业市镇。据《夏口县志》载，清代汉口的公所、会馆就达182所，其中商业行帮就占有46所，组建于鸦片战争前的有23所，分属于药材、绸缎、油蜡、纸张、原料药材、五金矿砂、杂货等行业，由安徽、广东、江苏、浙江、福建、山西、陕西、湖南、河南、河北及湖北各地商人所组建。

清人刘献庭在论及汉口的这种独特的商贸交通地位时，就一针见血地指出：“汉口不特为楚省咽喉，而云贵、四川、湖南、广西、陕西、河南、江西之货，皆于此焉转输，虽欲不雄天下，不可得也。天下有四聚，北则京师，南则佛山，东则苏州，西则汉口。然东海之滨，苏州而外，更有芜湖、扬州、江宁、杭州以分其势，西则惟汉口耳。”

第二，由内向型向内向与外向结合型转变。昔日的汉口虽然是“九省通衢”，但仍然是内联腹地的市镇。通过近代的发展，汉口、武昌先后开放，成为内向和外向结合型都会。此时，汉口的功能已不是淮盐和漕粮的转运和交兑之所，而是国内埠际之间以及与国外贸易的重要枢纽。在全国最著名的口岸中，武汉的直接对外贸易一般占第四五位，间接对外贸易往往占第二三位，仅次于上海，有时也次于天津。

第三，城市由沿河型转向沿江。武汉三镇虽然傍依长江，但是在小农经济为基础的封建时代，受到木船和手工业的限制，汉口沿汉水而立。汉阳傍龟山筑城，武昌则盘踞蛇山南北。当时也利用过长江水域，但规模有限，而更多地活动在汉水之上。武昌方面则较多地利用小河形成的港湾——鲇鱼套。近代以降，都会走向从沿河转为沿江。汉口由龙王庙向丹水池方向发展。武昌从鲇鱼套向徐家棚方向发展。汉阳沿江的鹦鹉洲也得到更大的开发。

在沿江发展时，三镇也同时开拓腹地。武昌向大东门以外扩展，汉口向后湖推进，汉阳向钟家村一带延伸，从而使三镇市区缩短距离，形成联体，有机地分布在长江、汉水交汇之区。

城市发展加速，但发展线路扭曲多折，乃至大起大落。随着机器生产和近代交通工具的出现，以及市政管理的改进，市政设施的建造，武汉城市规模扩大，发展水平提高，人才集聚，财富集聚，商品集散的程度大幅度提高。但是展现在我们面前的武汉城市规模和发展水平并不是一条直线，而是在前进中时而停滞，时而后退，时而折弯。

近代武汉城市发展经历了六起六落。第一次是19世纪50年代太平军和清军在武汉的多年交兵，造成人口锐减，城市毁坏；第二次是辛亥革命战争与清军放大火造成更为严重的城市破坏；第三次是北伐和武汉国民政府时期，一方面承受战争的损失，另一方面又陷入经济困局中；第四次是1931年大水淹城造成生命、财产的损失；第五次是日本侵略者攻陷武汉所造成的浩劫以及沦陷前工厂、学校内迁使武汉元气大伤；第六次是抗战胜利后美蒋统治所造成的经济崩溃。

城市社会、经济也出现过几段较好的发展时期，第一段是19世纪90年代到20世纪初的10年，张之洞治鄂时；第二段是第一次世界大战前后10年左右；第三段是本世纪30年代（沦陷前）。多次的起落给城市发展链条以严重扭伤，最后终于折裂。

武汉城市成长中出现的曲折，主要导源于以下几方面因素。

第一，近代中国反动统治的腐败，造成国破民穷。

第二，战争的破坏。武汉是军事重镇，兵家逐鹿之地。反革命的战争与革命的用兵，以及偶发的兵变等，都给城市发展带来困难。

第三，自然灾害的影响。主要是水灾，包括江河水涨和暴雨造成的渍水，对城市构成威胁。武汉同时又是火灾频仍之区。

第四，气温的制约。夏热冬寒，特别是酷暑给城市生态带来不利影响。地理学家把不同人种适应的温度界定为：白种人 12～21 度；黄种人 15～23 度；黑种人 18～27 度。大城市一般在温带区，武汉亦属温带，由于受热带副高压控制，具有大陆性气候的高温，成为我国有名的“火炉”，给生活和生产带来不利影响。

第五，能源不足。武汉水资源丰富，腹地广阔，但煤和石油都不足，靠北煤南运和南煤（萍乡之煤）北运。

武汉建市和建制演变

近代武汉实现了由县入市的建制转变。这一转变是清末民初城市发展的结果。

民国前中期，武汉城市社会缓慢向前移动，城市功能扩大，城市近代化建设曲折进行，时起时落。城市的变化集中表现为复建辛亥战火后的汉口和武汉三镇发生由县到市的建置转变。传统的县、厅格局演变为近代城市建制，这是武汉城市发展史上一个历史性的事件。

汉口原先只是汉阳县下的一个镇，含四坊（市区）二里（村乡），其商贸中心在汉正街。全镇沿汉水而立，处于汉水入江之处。在开埠以后，租界相继建立，使汉口东北从花楼街沿长江以下 2.5 平方公里（约 12 平方里）的荒芜地区得到开发，成为“国中之国”的租界区，不属中国政府行政管辖之内。租界之外的华界市区约 11.2 平方里，主要街道有汉正街、太平街、大夹街、河街、新街、四官殿、黄陂街、半边街、前花楼街、后花楼街、白布街。

与租界发展相伴随，华界市区也从汉水边向长江边推进，与租界并联发展，从而开始形成汉口从沿河到沿江的发展走向。

由于市政发展，华洋交涉日繁，土地管理、开发事务增加，汉口的行政事务很难由汉阳县隔水而治。故 1898 年，张之洞奏准阳夏分治，从而建立夏口厅。夏口厅面积 1000 多平方公里，为原先市区数百倍。东临长江，西至涢口，北至滠口，南邻汉水，东西长 54 公里，南北宽 18 ~ 42 公里。厅以下仍设四坊二里。1909 年为适应地方自治，划分为九区。1 至 4 区为市区，5 ~ 9 区为乡村。市区的 4 个区，人多地狭，乡村的 5 个区人稀地旷。因此，市区继续沿长江向下推进。

但市区扩大很不容易，因汉口北部地势特低，必修堤填土，才能使低洼之地和荒塘河湖隆出水面，成为承载各种建筑物的陆地。1905 年，张之洞聘请外国工程师穆氏进行设计，建成全长 34 里，堤面宽 2 ~ 3 丈，底宽 6 ~ 8 丈的张公堤，耗资 100 多万两。此堤高程与正在修建的京汉铁路相齐，使堤内荒废的积水之地，变为良田沃土，免遭水患。于是这一带地价不断上涨，并酿出许多争夺土地所有权的讼案。张之洞乃在1906年设立汉口后湖清丈局，清理地权，征收土地税，至1909年即已征收到土地税和验价款71440两。

1897年，清政府与比利时达成协议，借款修筑卢汉铁路。1906年，卢汉铁路全线通车，并改名为京汉铁路。铁路从市北黄陂滠口迳入谌家矶、刘家庙、黄浦路、大智门，至硚口玉带门。在建路过程中，城区的开发同步进行。铁路路基需要抬高，路基与旧市区东半部低地平均填高20英尺，与早已经填平的租界区地表相齐平。歆生路两边的纵横街道十几条和洋式、半洋式房屋均建筑成功。

自京汉铁路通车后，原先的汉口城堡已失去防卫功能（包括防水），于1907～1908年拆除，并就城堡旧基修建后城马路，上达硚口，下至歆生路，于民国初年竣工；并以后城马路为主干，修建马路十几条，通入旧市区，使以前空旷人稀之处，“店铺林立，几令人不可思议”。

1909年，湖广总督陈夔龙曾筹议集资百万两，开阔汉口新市区。具体设想是：在硚口宗关至刘家庙火车站沿铁路以北地区，修直马路30条，横马路5条，并已着手填土。但不久爆发辛亥革命，工程停顿。

在京汉铁路与租界之间，则先后修通了歆生路自京汉铁路抵英租界、大智门至租界，以及汉口火车站前马路、何家路、小华景街马路、德华里下马路、三元里下马路、歆生路至大智门马路、华景街与德租界马路，一共9条新马路。

汉口市区在清末民初由汉口城堡从南扩至京汉铁

路边，铁路以北也有初步开发。市区面积从11.2平方里增至约28平方里。1919年，汉口当局曾拟将张公堤加高3尺，加宽9尺，修成环堤铁路30里，但未能付诸实施。

至于旧市区，因人稠街狭，亟待改善。1906年，张之洞责成夏口厅、汉阳县拓宽街道，规定新建房屋须自原线后退3尺。1910年，外国商人拟在汉口敷设电车，1911年留日学生颜寅亮亦提出建电车线路计划，但均遭当局拒绝。颜寅亮又赴京申请，计划筹资70万元修建硚口至大智门电车线路，也因辛亥革命爆发而告寝。

武昌起义后，1912年夏口厅改为夏口县，面积有所增大。建县之后租界畸形发展，汉口华界也进行了大规模建设和修复。汉口自歆生路、南京路、大智路、车站路到三元里（铁路孔外），并延至刘家庙一带，出现了大片市街。这些街市一面临租界，另一面临铁路；铁路以外，也有越来越多的住宅和棚户，以及高级别墅出现。

在汉口城市进化之中，越来越暴露出“小政府，大城市”的矛盾。尽管自清末阳夏分治以来，汉口有了独立建置，但无论是夏口厅或夏口县的行政机构都无力亦无法统筹全市政务、商务、外事和建设。清代，汉口、武昌、汉阳的军、政、财、文大事常直接听命于总督，经江汉关道而施行，乃至各区警察署亦由省派出，而不属夏口厅。包括修建张公堤，成立后湖清丈局，以及修建后城马路，皆由总督张之洞、陈夔龙决策，由江汉关道实施。

为了使市民主要是商人参政，宣统年间，成立汉口自治公所、汉口市政会，以补夏口厅之不足。自治公所主要职掌是为市政立法建制，而无行政权。市政会则是商人与警察局的联合体，而警察署亦不隶属于夏口厅，所管治者亦以警政治安为范围，并非全方位市政机构。为了统筹民初汉口复建，先后成立汉口市街道建筑筹办处、马路工程局，然均为湖北省都督府直辖机构，不听命于夏口县。

另一方面，汉口作为中国著名商业中心，进出口贸易额巨大，税源丰富。1919～1923 年已达贸易总额 28303 万关两，以 10% 税率计，税金可达 2830 万两。历年来，中央和湖北省，均视汉口税收为肥肉，设置税收机构直接管理和收取税金，夏口厅或夏口县所得无几。当时，汉口的税收主要为海关税、盐税、茶厘三项。关税在 1909 年达 360 万两，盐厘在清末时平均每年 370 万两，茶厘平均每年约 110 万两。但上述税收，均归中央政府，地方无权支配。

入民国以后，夏口税收分为国税、省税、地方税、汉口警捐 4 个层次。每年总税收约 2 百多万串，国税 12 项占总税收之 11%，省税 10 项为 75%，地方税 20 项仅占 3%，汉口警捐占 11%，后两项总和亦只占 14%。换言之，汉口地方和警局所得税收不过 20 多万串，只能维持日常行政支出，而难于实施市政建设。以 1916 年为例，是年夏口县财政支出 53285 串，主要用于县署行政，以及教育等方面，用于实业投资者仅占10%。

从夏口厅到夏口县，都未形成名副其实的地方财政，也无力统筹地方市政建设，因此汉口的税收和工程，只能仰靠国家和省政府的派出机构。而后者往往偏重在汉口“挖钱”，对市政、市建无长远规划，甚至根本不问津。此种不合理的分散的管理机制，阻碍了汉口及武昌、汉阳城市的经济运行，市政建设与近代都会所要求的高效率市政管理反差太大。因此，根据武汉三镇市区扩展，市政管理矛盾百出的状况，继续提高武汉三镇行政级位，按都市化原则管理城市，即建立统一的武汉市，势在必行。

入民国后，全国各地方裁府留县，实行省、道、县三级制。

江夏县原隶武昌府，武昌府在入民国后废除，江夏县遂易名为武昌县（鄂城县原称武昌县，后改为鄂城县)。汉阳府撤除后，汉阳县仍保持旧名。夏口厅则改为夏口县。当时湖北省设江汉、襄阳、荆南三道。武昌、汉阳、夏口三县同属江汉道。这是三镇形成后行政统属上的归一。其本原还在于三镇城市化程度的提高和三镇一体化的加强。

尽管这样，三县的建置与武汉都会的内涵，特别是汉口都会的发展是很不适应的。汉口虽定为夏口厅、夏口县，但民间一直沿称为汉口、汉镇。在外国人的视野中，汉口一直是远东最重要的商埠之一。汉口这种特殊地位也势必导出建制中的一些纠葛。还是在清末的夏口厅时代，湖广总督虽充署武昌，但不能不直接插手汉口事务。汉口财货富足，涉外活动繁多，其中的大事，每每要牵动湖北当局。张之洞本人就只得过汉口应酬和处理政事。为了管理夏口厅的行政，晚清时将汉黄德道行署设在汉口。江汉关则由汉黄德道兼署。1913 年 12 月，北京政府亦垂涎汉口，在夏口县设置直属中央的汉口商场督办公署，以从事汉口建设，并控制汉口的税收和工商业。这个汉口商场督办公署几乎与湖北省署级位不相上下。1923 年，汉口商场督办公署又改为武、阳、夏商场督办公署，以操办武汉三镇的商场建设和管理。充任商场督办的汤芗铭本身就当过督军。因其与萧耀南有矛盾，故北洋政府以萧为湖北督军，而以汤为武、阳、夏督办，以各安其位。汤芗铭督办商场，内外交困，难以有所作为。但武、阳、夏统一的趋势，以及行政级位上升的趋势，却由此进一步显示。至于在汉口设立镇守使署、交涉使署，均高于一般县、府级位，则显示出汉口城市军事外交上功能的扩大。

1926 年秋，北伐军相继占领汉口、汉阳、武昌。是年 10 月，广州国民政府批准设立湖北政务委员会，以邓演达为主任，综理全省政务。省以下的江汉、襄阳、荆南道裁撤。省直接领导各县，武、阳、夏三县亦归省直接领导。1926 年底，国民党武汉临时中央党政联席会议宣布，从 1927 年元旦起正式在汉办公，并发布命令，确定国都，以武昌、汉口、汉阳三城为一大区域作为“京兆区”，定名武汉，并组织管理京兆区的委员会。

当时武汉三镇中，汉口有市政委员会，武昌有市政厅，汉阳还没有市政机关的设置。联席会议决定：武汉市政委员会由中央和地方合组，具体为以交通、外交、财政三部长、省政府财政、建设、农工三厅长、汉口市政委员会、武昌市政厅及武昌卫戍司令部各派一人组成。由于正式的湖北省政府没有成立，此计划被搁置，三镇仍各自为政。直到1927年4月10日湖北省政府成立，组建武汉市政府才得以正式进行。经过国民党中央政治委员会决议，由中央党部、国民政府、省市党部、省政府、汉口市商民协会、汉口市商会各推委员共组织武汉市政府。国民党中央党部推陈公博、苏兆征，国民政府推陈友仁，省党部推吴士崇、何羽道，市党部推詹大悲、李国暄，省工会推向忠发，省政府推张国恩，汉口市总商会推周星棠，汉口市商民协会推郑慧吾共11人为委员，经国民政府任命，于1927年4月16日在汉口成立三镇合一的武汉市政府，于汉口慈善会宣誓就职。7月1日改为武汉特别市。

武汉市政府直属国民政府领导。三镇合一，这在武汉历史上还是第一次。不仅在当时有利于三镇的规划和建设，而且对后来也产生了积极的影响。

此后，武汉三镇仍有分有合。汉口曾几度成为单独的市或特别市，但三镇也曾统一为武汉市。尽管三镇建制的统一不很稳定，但三镇一体化却在不断加强。此中，收回租界对形成统一的汉口市区是十分重要的。

1917年第一次世界大战期间，武汉人民首先收回德租界，改为特别区。

1925年3月，经“十月革命”后的几年外交争执中，武汉人民终于收回俄租界，也改为特别区。

1927年3月，武汉人民收回英租界，改为第三特别区。

日、法租界则是在1945年11月（日本投降后）才正式收回的。

1947年8月，汉口从省辖市改为国民政府行政院院辖市，下辖14个区，281个保，4979个甲。原先由租界演变而来的特别区也不复存在，纳入了汉口市的统一管辖之下。自开埠以来，近100年的汉口，终于形成统一的城区，昔日被围墙、铁栅所包围的租界，融入了汉口市的一体化城区中。

3 城市人民反帝反封建斗争

武汉是一座具有优越城市区位的城市。她地处长江、汉水交汇之处，又居华夏之中，自古以来就是区域性的政治中心、经济中心、文化中心。近代更发展成为对外通商的都会。

城市的区位特点和经济辐射力，又推动了城市的文化成长和革命斗争。近百年来，武汉一直是重大政治事件和革命斗争的多发区，造成了区域性、全国性影响。当武汉一步步从封建市镇演变为半殖民地半封建社会时，武汉地区的爱国斗争风起云涌，一展雄风，为海内外所瞩目。

为了使经济近代化，像张之洞这样比较开明的地方督抚，都致力于办工厂、开商战，引进了技术、人才。尽管其维护封建统治的初衷未改，但对武汉经济发展起了一定作用。在开埠后外国经济的刺激下，国人亦力求自救。许多有识见的工商业家创办工厂，开设商行，抵制外货，推销国货，力求振兴民族工商业。武汉在近代的经济成长，与这些振兴民族经济的活动是分不开的。1905 年，汉口爆发大规模的为反对美国虐待华工而掀起的抵制美货斗争。在五四前后，抵制日货、提倡国货运动在武汉也是高潮迭起。

尤为国内外瞩目的是，面对三座大山的压迫，反帝反封建斗争在武汉风起云涌。可以说，中国近代史的重大斗争无一不在武汉形成轩然大波，而且其中有一些或发端武汉，或在武汉形成高峰。诸如林则徐在广州禁烟前首先在武汉禁烟，太平军三克武昌四克汉口，自立军在汉口起事，武昌起义，武汉共产主义小组成立，五四、五卅等运动在武汉的高涨，二七大罢工，北伐军进占武汉和武汉国民政府，收回英租界，八七会议，武汉会战，解放战争中粉碎桂系“划江而治”的斗争等。在这些斗争中，革命先驱献出鲜血、生命，广大人民奋起拼搏，给反动派以沉重打击，粉碎了帝国主义把武汉完全殖民地化的阴谋，并最终迎来了武汉的解放。

在近代发展中，千年的武汉古镇走出了中世纪，成为具有一定工业文明的半殖民地半封建的近代都会。城市的性质、功能、特点，都出现了划时代的变化。

城市作为人类社会、人类文明最具代表性的领域，其流变演进的过程是无尽头的。不管是武汉三镇的古代城邑，还是近代之武汉都会，都已成为过去。这一“过去”告诉我们，曾经在世界文明史上具有领先地位的中国，也包括她的城市文明，在其通往近代文明的征途上历尽了多少艰辛。

斗转星移，乾旋坤转，1949 年中华人民共和国开国大典的礼炮声，送走了灾难深重的旧中国，迎来了社会主义新中国的春天。武汉城市发展也展开了新的篇章。在充满希望和艰辛的道路上，社会主义与封建主义、资本主义，传统与现代，新与旧，愚昧和文明，封闭与开放，改革与保守，前进与失误等诸多矛盾于各个层面、各个方位上展开和解决，解决又展开。人类就是在不断解决矛盾中自我更新的。武汉城市在社会主义康庄大道上，也正在不断解决矛盾，不断建设、创造和扩大开放的路程中，缔造出美好的明天。近十年来，更实行跨越式发展，力争在中部率先崛起，塑造出中部中心城市和国际性城市的新形象。

参考书目

1. 胡绳：《从鸦片战争到五四运动》，人民出版社，2004。

2. 李新等：《中华民国史》，中华书局，1982~1987。

3. 苏云峰：《中国现代化的区域研究》，台北“中央研究院”近代史研究所，1985。

4. 《张文襄公治鄂记》，湖北通志馆，1947。

5. 《夏口县志》，民国9年。

6. 皮明庥等：《近代武汉城市史》，中国社会科学出版社，1992。

7. 黎少岑：《武汉今昔谈》，湖北人民出版社，1957。

8. 《武汉抗战史料选编》，武汉市档案馆，1985。

9. 鄂豫边区革命史编辑部：《新四军第五师抗日战争史稿》，湖北人民出版社，1989。

10. 吴业新：《武汉风貌》，地质出版社，1987。

《中国史话》总目录

系列名	序号	书名	作者
物质文明系列（10种）	1	农业科技史话	李根蟠
	2	水利史话	郭松义
	3	蚕桑丝绸史话	刘克祥
	4	棉麻纺织史话	刘克祥
	5	火器史话	王育成
	6	造纸史话	张大伟　曹江红
	7	印刷史话	罗仲辉
	8	矿冶史话	唐际根
	9	医学史话	朱建平　黄　健
	10	计量史话	关增建
物化历史系列（28种）	11	长江史话	卫家雄　华林甫
	12	黄河史话	辛德勇
	13	运河史话	付崇兰
	14	长城史话	叶小燕
	15	城市史话	付崇兰
	16	七大古都史话	李遇春　陈良伟
	17	民居建筑史话	白云翔
	18	宫殿建筑史话	杨鸿勋
	19	故宫史话	姜舜源
	20	园林史话	杨鸿勋
	21	圆明园史话	吴伯娅
	22	石窟寺史话	常　青
	23	古塔史话	刘祚臣

系列名	序号	书名	作者
物化历史系列（28种）	24	寺观史话	陈可畏
	25	陵寝史话	刘庆柱　李毓芳
	26	敦煌史话	杨宝玉
	27	孔庙史话	曲英杰
	28	甲骨文史话	张利军
	29	金文史话	杜　勇　周宝宏
	30	石器史话	李宗山
	31	石刻史话	赵　超
	32	古玉史话	卢兆荫
	33	青铜器史话	曹淑芹　殷玮璋
	34	简牍史话	王子今　赵宠亮
	35	陶瓷史话	谢端琚　马文宽
	36	玻璃器史话	安家瑶
	37	家具史话	李宗山
	38	文房四宝史话	李雪梅　安久亮
制度、名物与史事沿革系列（20种）	39	中国早期国家史话	王　和
	40	中华民族史话	陈琳国　陈　群
	41	官制史话	谢保成
	42	宰相史话	刘晖春
	43	监察史话	王　正
	44	科举史话	李尚英
	45	状元史话	宋元强
	46	学校史话	樊克政
	47	书院史话	樊克政
	48	赋役制度史话	徐东升
	49	军制史话	刘昭祥　王晓卫

系列名	序 号	书 名	作 者
制度、名物与史事沿革系列（20种）	50	兵器史话	杨 毅 杨 泓
	51	名战史话	黄朴民
	52	屯田史话	张印栋
	53	商业史话	吴 慧
	54	货币史话	刘精诚 李祖德
	55	宫廷政治史话	任士英
	56	变法史话	王子今
	57	和亲史话	宋 超
	58	海疆开发史话	安 京
交通与交流系列（13种）	59	丝绸之路史话	孟凡人
	60	海上丝路史话	杜 瑜
	61	漕运史话	江太新 苏金玉
	62	驿道史话	王子今
	63	旅行史话	黄石林
	64	航海史话	王 杰 李宝民 王 莉
	65	交通工具史话	郑若葵
	66	中西交流史话	张国刚
	67	满汉文化交流史话	定宜庄
	68	汉藏文化交流史话	刘 忠
	69	蒙藏文化交流史话	丁守璞 杨恩洪
	70	中日文化交流史话	冯佐哲
	71	中国阿拉伯文化交流史话	宋 岘

系列名	序号	书名	作者
思想学术系列（21种）	72	文明起源史话	杜金鹏　焦天龙
	73	汉字史话	郭小武
	74	天文学史话	冯　时
	75	地理学史话	杜　瑜
	76	儒家史话	孙开泰
	77	法家史话	孙开泰
	78	兵家史话	王晓卫
	79	玄学史话	张齐明
	80	道教史话	王　卡
	81	佛教史话	魏道儒
	82	中国基督教史话	王美秀
	83	民间信仰史话	侯　杰
	84	训诂学史话	周信炎
	85	帛书史话	陈松长
	86	四书五经史话	黄鸿春
	87	史学史话	谢保成
	88	哲学史话	谷　方
	89	方志史话	卫家雄
	90	考古学史话	朱乃诚
	91	物理学史话	王　冰
	92	地图史话	朱玲玲
文学艺术系列（8种）	93	书法史话	朱守道
	94	绘画史话	李福顺
	95	诗歌史话	陶文鹏
	96	散文史话	郑永晓
	97	音韵史话	张惠英
	98	戏曲史话	王卫民
	99	小说史话	周中明　吴家荣
	100	杂技史话	崔乐泉

系列名	序号	书名	作者
社会风俗系列（13种）	101	宗族史话	冯尔康　阎爱民
	102	家庭史话	张国刚
	103	婚姻史话	张　涛　项永琴
	104	礼俗史话	王贵民
	105	节俗史话	韩养民　郭兴文
	106	饮食史话	王仁湘
	107	饮茶史话	王仁湘　杨焕新
	108	饮酒史话	袁立泽
	109	服饰史话	赵连赏
	110	体育史话	崔乐泉
	111	养生史话	罗时铭
	112	收藏史话	李雪梅
	113	丧葬史话	张捷夫
近代政治史系列（28种）	114	鸦片战争史话	朱谐汉
	115	太平天国史话	张远鹏
	116	洋务运动史话	丁贤俊
	117	甲午战争史话	寇　伟
	118	戊戌维新运动史话	刘悦斌
	119	义和团史话	卞修跃
	120	辛亥革命史话	张海鹏　邓红洲
	121	五四运动史话	常丕军
	122	北洋政府史话	潘　荣　魏又行
	123	国民政府史话	郑则民
	124	十年内战史话	贾　维
	125	中华苏维埃史话	杨丽琼　刘　强
	126	西安事变史话	李义彬
	127	抗日战争史话	荣维木

系列名	序 号	书 名	作 者
近代政治史系列（28种）	128	陕甘宁边区政府史话	刘东社 刘全娥
	129	解放战争史话	朱宗震 汪朝光
	130	革命根据地史话	马洪武 王明生
	131	中国人民解放军史话	荣维木
	132	宪政史话	徐辉琪 付建成
	133	工人运动史话	唐玉良 高爱娣
	134	农民运动史话	方之光 龚 云
	135	青年运动史话	郭贵儒
	136	妇女运动史话	刘 红 刘光永
	137	土地改革史话	董志凯 陈廷煊
	138	买办史话	潘君祥 顾柏荣
	139	四大家族史话	江绍贞
	140	汪伪政权史话	闻少华
	141	伪满洲国史话	齐福霖
近代经济生活系列（17种）	142	人口史话	姜 涛
	143	禁烟史话	王宏斌
	144	海关史话	陈霞飞 蔡渭洲
	145	铁路史话	龚 云
	146	矿业史话	纪 辛
	147	航运史话	张后铨
	148	邮政史话	修晓波
	149	金融史话	陈争平
	150	通货膨胀史话	郑起东
	151	外债史话	陈争平
	152	商会史话	虞和平
	153	农业改进史话	章 楷
	154	民族工业发展史话	徐建生
	155	灾荒史话	刘仰东 夏明方
	156	流民史话	池子华
	157	秘密社会史话	刘才赋
	158	旗人史话	刘小萌

系列名	序 号	书 名	作 者
近代中外关系系列（13种）	159	西洋器物传入中国史话	隋元芬
	160	中外不平等条约史话	李育民
	161	开埠史话	杜 语
	162	教案史话	夏春涛
	163	中英关系史话	孙 庆
	164	中法关系史话	葛夫平
	165	中德关系史话	杜继东
	166	中日关系史话	王建朗
	167	中美关系史话	陶文钊
	168	中俄关系史话	薛衔天
	169	中苏关系史话	黄纪莲
	170	华侨史话	陈 民 任贵祥
	171	华工史话	董丛林
近代精神文化系列（18种）	172	政治思想史话	朱志敏
	173	伦理道德史话	马 勇
	174	启蒙思潮史话	彭平一
	175	三民主义史话	贺 渊
	176	社会主义思潮史话	张 武 张艳国 喻承久
	177	无政府主义思潮史话	汤庭芬
	178	教育史话	朱从兵
	179	大学史话	金以林
	180	留学史话	刘志强 张学继
	181	法制史话	李 力
	182	报刊史话	李仲明
	183	出版史话	刘俐娜

系列名	序号	书名	作者
近代精神文化系列（18种）	184	科学技术史话	姜　超
	185	翻译史话	王晓丹
	186	美术史话	龚产兴
	187	音乐史话	梁茂春
	188	电影史话	孙立峰
	189	话剧史话	梁淑安
近代区域文化系列（11种）	190	北京史话	果鸿孝
	191	上海史话	马学强　宋钻友
	192	天津史话	罗澍伟
	193	广州史话	张　苹　张　磊
	194	武汉史话	皮明庥　郑自来
	195	重庆史话	隗瀛涛　沈松平
	196	新疆史话	王建民
	197	西藏史话	徐志民
	198	香港史话	刘蜀永
	199	澳门史话	邓开颂　陆晓敏　杨仁飞
	200	台湾史话	程朝云

《中国史话》主要编辑
出版发行人

总 策 划 谢寿光 王 正

执行策划 杨 群 徐思彦 宋月华
梁艳玲 刘晖春 张国春

统 筹 黄 丹 宋淑洁

设计总监 孙元明

市场推广 蔡继辉 刘德顺 李丽丽

责任印制 岳 阳